Aus der frühen Schweizer Geschichte

Anfänge

1

Zentralstelle
für Lehrerfortbildung
des Kantons Bern

Eine Dokumentation
für den Geschichtsunterricht

Rudolf Hadorn
Jürg Minnier
Beat Salzmann

Ein Zytglogge Werkbuch

Umschlagbild

Zug der Berner ins Wallis im
Raronkrieg (1419) aus der
Berner Chronik des Bendicht
Tschachtlan (1470, Tafel 155,
Zentralbibliothek Zürich).
Gleichsam symbolisch hat hier
Tschachtlan die Verbindung
wirtschaftlicher Ressourcen
(hier: Schafherden) mit krie-
gerischer Aktion geschaffen.

Herbst 1986

Herausgeber:
Zentralstelle für Lehrerfortbildung, Lerbermatt, 3098 Köniz
Alle Rechte vorbehalten
Copyright by Zytglogge Verlag Gümligen, 1987
Mitarbeiter: Thomas Aeschimann
             Bruno Lüscher
Grafische Gestaltung: Katharina Bütikofer
Druck: Jost AG Hünibach
ISBN 3 7296 0239 X

Zytglogge Verlag Bern, Eigerweg 16, CH-3073 Gümligen
Zytglogge Verlag Bonn, Cäsariusstr. 17, D-5300 Bonn 2

Auslieferung BRD: Brockhaus, Kommissionsgeschäft,
                  Am Wallgraben 127, D-7000 Stuttgart 80
Oesterreich: Verlagsauslieferung Karl Winter OHG,
             Landesgerichtsstr. 20, A-1010 Wien

INHALTSVERZEICHNIS

VORWORT

"Jeden Menschen interessieren die Fragen: Woher kommen wir? Wohin gehen wir? Warum handelte man damals so, warum handelt man heute so? Wer Antworten darauf sucht, wird seine Gegenwart besser verstehen."

Mit diesen Sätzen wird der Lehrplan 1983 für Primar- und Sekundarschulen des Kantons Bern im Fach Geschichte eingeleitet. Es sind auch die Fragen, mit denen sich die Projektgruppe Geschichte der Zentralstelle für Lehrerfortbildung des Kantons Bern seit vielen Jahren auseinandersetzt und mit dieser Dokumentation versucht, Antworten zu geben für die geschichtliche Periode der "frühen Schweizer Geschichte".

Diese dritte Dokumentation der Projektgruppe Geschichte schliesst an die beiden früher erschienenen Dokumentationen "Aus dem mittelalterlichen Leben 1: Auf dem Land" und "Aus dem mittelalterlichen Leben 2: In der Stadt" unmittelbar an. Die Autoren leisten mit ihr wie mit ihre beiden Vorgängerinnen grundlegend Entwicklungsarbeit in dem Sinne, dass sie durch Zusammentragen und Auswählen von Quellen und Materialien nach einem klaren didaktischen Konzept eine Brücke schlagen zwischen den knapp formulierten Grobzielen und Inhalten des Lehrplans einerseits und der anspruchsvollen, feingliedrigen Gestaltung eines zeitgemässen Geschichtsunterrichts andererseits. Die Dokumentation will der Lehrerin/dem Lehrer die Vorbereitung der Geschichtsstunden nicht abnehmen - diese hat ohnehin von Klasse zu Klasse, von Ort zu Ort individuell zu erfolgen. Sie kann aber Zugang zu Unterlagen eröffnen, die entweder n u r dem Historiker zugänglich sind oder deren Beschaffung so zeitintensiv ist, dass sie im Regelfall nicht geleistet wird. In diesem Sinn stellt sie keine Vermehrung traditioneller Schulbücher zur Schweizer Geschichte dar, sondern versucht einen neuen Ansatz zu finden.

Wie alle anderen Dokumentationen der Lehrerfortbildung ist diese in erster Linie als Kursunterlage für Lehrerfortbildungskurse konzipiert, das heisst, dass sie im Kontext mit weiteren Medien zum Einsatz gelangt und dadurch an Verständlichkeit und Tiefe noch gewinnt.

Zu danken ist der Projektgruppe für diese wichtige, mit grossem Einsatz geleistete Arbeit. Besondern Dank verdienen die Autoren R. Hadorn, J. Minnier und B. Salzmann sowie K. Bütikofer für die graphische Gestaltung.

Dezember 1986   ZENTRALSTELLE FÜR
                                       LEHRERFORTBILDUNG
                                       DES KANTONS BERN

DIDAKTISCHE EINLEITUNG

1. Vom Sinn der Beschäftigung mit Geschichte

Der Mensch hat die Fähigkeit, sich an seine eigene Vergangenheit zu erinnern. Er fühlt oder weiss, dass Geschehenes sein gegenwärtiges Dasein in vielfältiger Weise mitbestimmt hat und noch mitbestimmt. Die Geschichtlichkeit menschlichen Daseins zu verleugnen oder zu verdrängen führt nicht dazu, Geschichte ungeschehen zu machen, sondern sich ihr auszuliefern.

Aus der Beschäftigung mit seiner Vergangenheit, aber auch mit früheren, andersartigen Denk- und Erlebnisweisen, lernt der Mensch gegenwärtige Verhältnisse, die ihm als selbstverständlich erscheinen, in ihrer Bedingtheit erkennen. Erst diese Einsicht ermöglicht es ihm, wirklich bewusst auf die Zukunft hin zu entscheiden.

Richtschnur für die Beschäftigung mit Geschichte muss es sein, ein möglichst vorurteilsfreies Bild der Verhältnisse, Entwicklungen und Ereignisse zu rekonstruieren, die für das jeweils gegenwärtige Leben noch Bedeutung haben. Da aber geschichtliches Fragen des Menschen von den jeweiligen gesellschaftlichen Verhältnissen geprägt ist, in denen er lebt, wird Geschichte immer wieder neu geschrieben werden müssen. Daher ist die Beschäftigung mit Geschichte auch ein dauernder, fortschreitender Lernprozess. Andere Fragestellungen führen zu neuen Erkenntnissen.

2. Die gewandelten Vorstellungen von Geschichte

Gerade in den letzten beiden Jahrzehnten hat sich die Geschichtswissenschaft stark verändert. Das Interesse der Forscher hat sich von der reinen Ereignisgeschichte und der klassischen Diplomatie-, Staats- und Militärgeschichte abgewandt und sich vermehrt sozial-, wirtschafts- und mentalitätsgeschichtlichen Problemen zugewandt. Dabei werden - vereinfachend dargestellt - drei Ebenen geschichtlicher Tatsachen unterschieden:

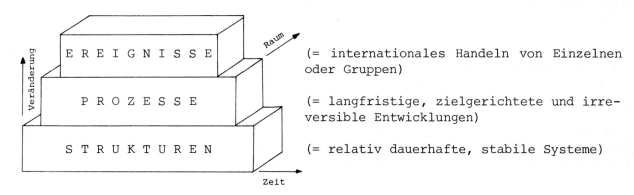

EREIGNISSE (= internationales Handeln von Einzelnen oder Gruppen)

PROZESSE (= langfristige, zielgerichtete und irreversible Entwicklungen)

STRUKTUREN (= relativ dauerhafte, stabile Systeme)

Viele Historiker gehen heute davon aus, dass die Geschichte einer bestimmten Zeit nur verständlich wird, wenn es gelingt, die Verknüpfung dieser drei Ebenen darzustellen. Man spricht in diesem Zusammenhang von "Vernetzung".

3. Vom Sinn der Beschäftigung mit Geschichte in der heutigen Schule

Auf Grund dieser Umorientierung in der Geschichtsforschung und der Durchsetzung der Didaktik als Wissenschaft hat der Geschichtsunterricht ebenfalls eine Zeit starker Wandlung hinter sich - jedenfalls was die theoretischen Konzepte anbetrifft. Wie weit solche Modelle die Schulstube tatsächlich erreicht haben, ist kaum richtig abzuschätzen.

Aus dem bisher Gesagten lassen sich immerhin eine Reihe von Ansprüchen an den Geschichtsunterricht in der Schule ableiten:

- Geschichtsunterricht soll nicht nur Ereignisse und grosse Persönlichkeiten berücksichtigen, sondern auch alltägliche Lebensrealität und den Handlungsspielraum der Durchschnittsbevölkerung sichtbar machen.
- Geschichtsunterricht soll den Schüler dazu führen, in Zusammenhängen zu denken.
- Geschichtsunterricht soll den Schüler dazu bringen, persönlich zu werten, Stellung zu nehmen und entsprechende Handlungsmuster zu entwickeln.

Der Schüler soll also im Geschichtsunterricht lernen:

- heute Bestehendes in seinem Werdegang zu verstehen;
- seine Möglichkeiten zu erkennen, die geschichtliche Entwicklung aktiv beeinflussen und gestalten zu können;
- seine Verantwortung gegenüber Mitmenschen und ihren Organisationen wahrzunehmen.

Aus den vielen didaktischen Reformansätzen der letzten Jahre lässt sich entnehmen, dass der Geschichtsunterricht diese Anforderungen nur erfüllen kann, wenn er im Vorgehen

- vom Erlebnisbereich des Schülers ausgeht (Identifikationsmöglichkeit),
- nicht nur kognitive, sondern auch emotionale Ansprüche stellt,
- die Eigentätigkeit des Schülers fördert.

Dabei muss der Tatsache Rechnung getragen werden, dass im 6. Schuljahr die Möglichkeit der Abstraktion und der begrifflichen Reduktion der Geschichte nur beschränkt anwendbar sind, weil der Schüler in diesem Alter die Geschichte noch weitgehend "erleben" (d.h. vor allem sich mit ihr identifizieren) will.

4. Vom Problem "Mythos Schweiz" im Geschichtsunterricht

Die meisten Völker hatten und haben heute noch die Tendenz, ihre eigene geschichtliche Vergangenheit zu verklären. Die psychologischen Mechanismen, die dieser Tendenz zugrunde liegen, sind oft untersucht und beschrieben worden. Am einfachsten wird die Erscheinung vielleicht verständlich, wenn man in der eigenen Biographie an zurückliegende Ereignisse denkt, die durch die zeitliche Distanz in gleichem Masse an Glanz gewonnen haben, in dem die unangenehmen Begleiterscheinungen vergessen gingen. Wer hätte nie einzelne Erlebnisse in beschönigenden Farben gemalt und damit seine eigene "Geschichte" verfälscht?

Wenn Völker ihre Geschichte verklären, entstehen Mythen. Solche Mythen sind nicht selten Wunschbilder, zu denen man Zuflucht nimmt, wenn die Bewältigung der (gegenwärtigen oder vergangenen) Tatsachen Mühe macht. Solche Mythenbilder verhindern die Rekonstruktion eines vorurteilslosen Bildes, wie es für eine präzise Entscheidungsfindung notwendig ist.

Wenn geschichtliche Mythen nicht mehr als solche erkannt und zur Realität werden, setzt eine gefährliche Selbsttäuschung ein, die immer wieder bewusst politisch ausgenützt worden ist. Man erinnere sich an den "Mythos vom tausendjährigen Reich", von der "germanischen Herrenrasse", von der "Ueberlegenheit des nordischen Menschen" und daran, was uns solche "Realitäten" in unserem Jahrhundert an Unheil gebracht haben.

Auch die Schweiz hat ihre Mythen, die zum Teil bis ins 15.Jh. zurückreichen. Die Geschichte von Wilhelm Tell ist eine der bekanntesten, und auch aufwendige wissenschaftliche Darstellungen haben ihre Wirkung nur wenig schmälern können. Doch es gibt heute Mythen der Schweizergeschichte, die für die Entscheidungsfragen der Gegenwart von folgereicherer Wirkung sind als die Figur des Meisterschützen. Einer davon, der in letzter Zeit wieder häufig im Gespräch ist, ist der Mythos "Neutralität" (vgl. z.B. A. Blum, Der Mythos Neutralität oder die verlorene Glaubwürdigkeit, "Der Bund", Nr. 90, 18./19.4.1981).

Mythen pflegen von einzelnen politischen Gruppierungen für ihre Ziele in Anspruch genommen zu werden. Sie wissen um die tiefe, im Gefühlsbereich wirkende Kraft solcher Beispiele, der oft mit Vernunftüberlegungen allein nicht beizukommen ist.

Die genaue Analyse der Entstehungsgeschichte solcher Mythen lehrt am besten erkennen, welcher Zielsetzung sie unterworfen sind:

- Der Zürcher Geschichtsprofessor Karl Meyer, der in den 30er Jahren und während des 2. Weltkrieges eine vielbeachtete Vortragstätigkeit im Rahmen der "geistigen Landesverteidigung" hielt, die deutlich auf die damals überlebenswichtige Abwehr nationalsozialistischen Gedankengutes ausgerichtet war, entwarf als Geschichtswissenschaftler ein Bild der frühen Schweizer Geschichte, das die Abwehr der habsburgischen Machtansprüche gegenüber der Innerschweiz zum Hauptmotiv der Politik im 13. und 14. Jahrhundert machte. Entsprechend interpretierte er den Bundesbrief von 1291 als ein eindeutig gegen habsburgische Uebergriffe und Machtansprüche gerichtetes Dokument.

- Dem heutigen Leser erscheint hinter der Habsburgermacht die damalige Bedrohungssituation durch Hitlerdeutschland, und er erkennt die Zeitgebundenheit jener Interpretation (die Interpretation ist als solche älter und hat ihre Wurzeln bereits in Aegidius Tschudis Kommentaren zum Weissen Buch von Sarnen; für die neuere Geschichtsschreibung wichtig ist die Wiederaufnahme des Motivs durch Johannes von Müller im 18. Jahrhundert).

- Heute fasst man auf Grund neuerer Forschungen den Beginn der Eidgenossenschaft anders auf. Der Bundesbrief von 1291 gilt als ein Landfriedensbündnis, wie sie damals zwischen Städten, Talschaften und gelegentlich auch Gemeinden verbreitet waren (vgl. dazu M. Beck, Der Mythos Schweiz im Schatten zweier Kriege, in: Legende, Mythos und Geschichte (Festschrift), Frauenfeld 1978, S. 280 ff.).

Mit diesem Beispiel soll nur angedeutet sein, warum es notwendig ist, für den Schulunterricht Material bereitzustellen, das den neuen Einsichten und Forschungsresultaten Rechnung trägt und Fragestellungen enthält, die von der heutigen Zeit aus als wesentlich gelten können.

Damit ist keine Absage an den Patriotismus gemeint. Eine wirkliche Beziehung zur Schweiz kann jedoch nur auf realistischer Einsicht und nicht auf Wunschbildern beruhen.

5. Die Abneigung gegen Schweizergeschichte in der Schule

Die Behandlung schweizergeschichtlicher Themen erfreut sich bei Schülern und Lehrern nicht ungeteilter Begeisterung. Diese häufig festgestellte Abneigung hat verschiedene Ursachen, die nur zum Teil genauer untersucht sind. Eine wesentliche Rolle spielt der "patriotische Missbrauch" der Schweizergeschichte während der Weltkriege und auch noch nach dem 2. Weltkrieg in der Zeit des Kalten Krieges, als die Vorstellung vom Sonderfall Schweiz und der Andersartigkeit der Schweizer (was immer auch eine positive Wertung beinhaltete) neu propagiert wurde, um den Verteidigungswillen der Schweizer zu mobilisieren(vgl. Moser, Kost, Holder, Zur Geschichte der politischen Bildung in der Schweiz, Stuttgart 1978). Es ist in diesem Zusammenhang interessant, darauf hinzuweisen, dass in der Zeit der Ueberfremdungskampagnen diese Argumente zu einer neuen Blüte kamen(vgl. als besonders typisches Beispiel: A. Guggenbühl, Die Schweizer sind anders, Zürich 1967).

Der heutige Lehrer ist von dieser "hurrapatriotischen" Schweizergeschichte meist nicht verschont worden, hat aber selber nie andere Möglichkeiten der Darstellung kennengelernt und weicht dem Problem deshalb aus, indem er das Thema meidet oder auf ausgetretenen Pfaden weiterschreitet.
Bei den Schülern mag dabei der psychologisch verständliche Drang mitspielen, dass sie etwas von der "grossen Geschichte" und von der "grossen Weltpolitik" im Zusammenhang mit der Geschichte des 20. Jahrhunderts erfahren möchten, anstatt sich mit der wenig spektakulären Kompromisspolitik oder allzu einseitigen schweizerischen Heldengeschichten befassen zu müssen.

Dahinter steckt gewiss ein falsches Bild von "grosser Geschichte" oder "Weltpolitik", das seine Wurzeln im expansiven Nationalismus des späten 19. Jahrhunderts hat, als in der Welt nur Geltung hatte, wer an der grossen Weltpolitik beteiligt war. Der Minderwertigkeitskomplex, nicht "dazu" zu gehören, beschäftigt den Schweizer bis heute. Die These vom "Sonderfall Schweiz" ist auch eine Antwort auf d i e s e Herausforderung.

Man muss aber auch sehen, dass die ausschliessliche Beschäftigung mit Weltgeschichte oder Weltpolitik ein Ausweichen vor der Konfrontation mit der eigenen Geschichte beinhaltet, ein Ausweichen vor der Bewältigung der eigenen Vergangenheit, die durchaus nicht nur glanzvolle Punkte aufweist.

Am harmlosesten erscheint vor diesem Hintergrund noch die Geschichte der frühen Eidgenossenschaft. Das dort anzutreffende und vielbeschworene Heldentum eignet sich als Vorbild und als "nationaler Integrationsfaktor", weil erst im Anschluss daran z. B. die Eroberung der westschweizerischen Gebiete oder der religiöse Glaubenskampf die Lager trennte. Gerade aus diesen hier angedeuteten Gründen ist eine neuerliche Beschäftigung mit der Geschichte der Alten Eidgenossenschaft notwendig.

6. Vom Sinn der Beschäftigung mit Schweizergeschichte in der Schule

Die Beschäftigung mit der Geschichte des Bundesstaates seit 1848 eröffnet den Zugang zum Verständnis der heutigen gesellschaftlichen und politischen Verhältnisse.

Die ältere Schweizergeschichte vermittelt Einsichten in längerfristig wirksame Strukturen und in Prozesse und Wertvorstellungen, die in die Geschichte des Bundesstaates hineinwirkten.

Gesellschaftliches Handeln beginnt in der nächsten Umgebung: in der Familie, der Schulklasse, der Gemeinde, der Region, dem Kanton. Der Schüler muss die wichtigen Entwicklungen seiner eigenen Umgebung kennen, wenn er die grösseren (nationalen und europäischen) Zusammenhänge verstehen will.

7. Zur Arbeit mit dieser Dokumentation

Zweck dieser Dokumentation ist es daher, den angeführten kritischen Einwänden Rechnung zu tragen und Unterrichtsmaterial anzubieten, das den gestellten Anforderungen einigermassen entsprechen kann. Die vorliegende Materialsammlung ist kein geschlossener Lehrgang, schon gar nicht ein ausgewogenes Curriculum. Das Material erlaubt dem Lehrer, sein Vorgehen auf die besonderen Bedürfnisse der Klasse abzustimmen und dabei die Themen auszuwählen, die ihm besonders wichtig sind.

Die Dokumentation enthält:

-   I n f o r m a t i o n e n   f ü r   d e n   L e h r e r   (thematische Hinweise, didaktische Bemerkungen, Arbeitshinweise, zusätzliche Texte, Literaturangaben, Lösungen von Arbeitsblättern).

-   A r b e i t s -   u n d   L e s e b l ä t t e r   für die Hand des Schülers. Die Arbeitsvorschläge und Arbeitsblätter sind als Anregungen gedacht - auch da soll sich der Lehrer die Freiheit nehmen, selber zu entscheiden, was er übernehmen will und was nicht. Es zeigt sich immer wieder, dass fertig aufbereitete Stundenpräparationen ihren Zweck kaum erfüllen, weil sie den Spielraum von Lehrer und Schüler zu sehr einengen.

Die Materialien folgen inhaltlich einer klaren didaktischen Linie, die Methodenwahl aber bleibt dem Lehrer überlassen. Die Schülerblätter sind so konzipiert, dass sie sich auf verschiedenste Arten (und nicht nur zum Kopieren) einsetzen lassen. Der geübte Lehrer wird häufig den Text oder die Zeichnung an die Wandtafel oder auf den Hellraumprojektor übertragen und die Arbeitsaufträge in den mündlichen Unterricht, zum Beispiel in eine Erzählung, einbauen. Doch sollte deutlich werden, dass nach Absicht der Herausgeber auch schülerzentrierte Arbeitsformen eingesetzt werden sollen.

EINFUEHRUNG IN DIE THEMATIK

1. Der Begriff des "Staates" im Mittelalter

Vergleich mit dem heutigen Staat

Wenn wir heute den Begriff "Staat" verwenden, verbindet sich damit die Vorstellung vom souveränen Staat, der als öffentliche Gewalt

- die alleinige Macht besitzt
- für alle Staatsangehörigen verbindliche Gesetze aufstellt
- deren Einhaltung kontrolliert
- Verstösse ahndet
- und zu diesem Zweck, wenn nötig, Gewalt anwendet.

Der Begriff des modernen souveränen Staates beinhaltet ferner, dass der Staat in allen Bereichen, die über das Staatswesen hinausweisen (Aussenpolitik), das Machtmonopol besitzt. Wie der Staatswille zustande kommt, ist selbstverständlich vom jeweiligen System des Staatsaufbaus abhängig.

Ein mittelalterlicher "Staat" existierte in diesem Sinne nicht. Das Mittelalter kannte neben einer zentralen obersten Gewalt auch immer Herrschaftsrechte und Gewalt anderer Instanzen, die als Ergänzung oder als Gegenmächte der obersten Herrschaftsgewalt auftraten.

Abhängigkeitsverhältnisse im Mittelalter

Schematische Darstellung der Abhängigkeitspyramide:

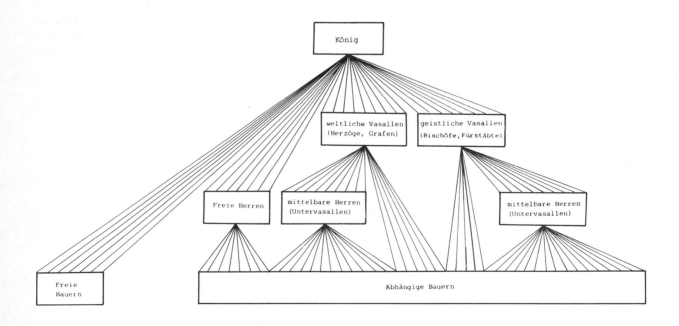

Die Menschen waren im Mittelalter nicht abhängig von Institutionen (Behörden, Aemtern), sondern von Personen (Herren). Abhängigkeitsverhältnisse (und somit Herrschaftsverhältnisse) beruhten stets auf einer persönlichen Bindung zwischen einem Herrn und einem Untergebenen, die beide Seiten rechtlich verpflichtete. Die Grundlage für alle diese Abhängigkeitsverhältnisse bildete das Lehenswesen (siehe dazu: "Aus dem mittelalterlichen Leben 1, Auf dem Land", S. 86 ff.).

Dezentralisation der Macht

Da die Adligen des Reiches in ihren Bereichen ebenfalls öffentliche Herrschaftsgewalt ausübten (als Leib-, Grund- und Gerichtsherren), ergab sich eine sehr weitgehende Dezentralisation der politischen Macht.

In einem bestimmten Gebiet konnte eine Vielzahl von verschiedenen Herren einzelne Rechte ausüben, auch hatte ein Herr oft Grundbesitz und Rechte in vielen, z.T. sehr weit auseinanderliegenden Gebieten. Der König konnte dadurch nur indirekt (über Vasallen und Untervasallen) Macht ausüben.

Auf diese Weise konnte er neue Rechtssätze für das ganze Reich nur mit der freiwilligen Zustimmung oder gegen den Widerstand der betroffenen Grossen des Reiches durchsetzen. Die Geltung einer königlichen Rechtsordnung war also letztlich eine Machtfrage.

2. Der Begriff der "Freiheit" im Mittelalter

Der mittelalterliche Freiheitsbegriff unterscheidet sich deutlich vom modernen. Heute verstehen wir unter Freiheit vor allem die persönliche Freiheit gegenüber der Staatsgewalt.

Der Inhalt des Freiheitsbegriffes stand im Mittelalter nicht einfach fest, sondern war je nach Herrschafts- und Rechtsverhältnissen anders geartet. Man spricht daher eigentlich besser von Freiheiten im Sinne von einzelnen Rechten als von d e r Freiheit. Freiheit bedeutete immer, befreit zu sein von gewissen Verpflichtungen oder Bindungen gegenüber einem Herrn, das heisst, besondere Rechte zu besitzen, die andere nicht hatten. Mit dem Begriff "Freiheit" umschrieb man also Vorrechte, Privilegien.

Solche Freiheiten konnten etwa sein:

- das Marktrecht einer Stadt (Privileg gegenüber dem Land)
- das Recht einer Stadt, die Gerichtsbarkeit selber auszuüben
- die Befreiung der Geistlichkeit von der Abgabe von Steuern
- die Gewährung der Freizügigkeit an die Stadtbewohner (gegenüber der
  Schollengebundenheit der Bauern)
usw.

3. Wirtschaftliche, soziale und politische Strukturen auf dem Land

Die Grundherrschaft als Wirtschafts- und Herrschaftsform

80-90% der europäischen Bevölkerung lebten im Hochmittelalter noch auf dem Land.

Die Landwirtschaft als vorherrschende mittelalterliche Wirtschaftsform wurde nach dem System der Grundherrschaft betrieben. Der adlige oder geistliche Grundherr stellte den von ihm abhängigen Landleuten Gehöfte, Ackerland, Tiere und Werkzeuge zur Verfügung und verlangte von ihnen dafür Abgaben und Dienstleistungen (Frondienste, abgeleitet von "frô = Herr). Er sorgte auch für Recht und Schutz. Geistliche übertrugen diese Schirmaufgabe in der Regel einem weltlichen Herrn (Schirmherr, Kastvogt).

Diese Grundherrschaften waren weitgehend autark, so dass die Grundherren eine ziemlich selbständige Herrschaft ausüben konnten. Durch Sippenverbindungen und Erbteilungen waren die weltlichen Grundherrschaften jedoch oft weitverzweigte Gebilde, die durch Herrschaften anderer Herren durchsetzt waren. Schenkungen aus beliebigen Gebieten bewirkten auch bei geistlichen Grundherrschaften, dass sie kein geschlossenes Territorium umfassten. So gehörten im Spätmittelalter die Höfe eines Dorfes meist verschiedenen Grundherren (zur Funktionsweise der Grundherrschaft vgl.: "Aus dem mittelalterlichen Leben 1, Auf dem Land", S. 52 ff.).

Die Abhängigkeit der Bauern

Die meisten Leute auf dem Land waren unfreie Bauern (Leibeigene, Eigenleute), die einem Grundherrn unterstanden. In den Schutz der grundherrlichen Abhängigkeit begaben sich aber auch freie Bauern, die sich nicht selber behaupten konnten oder wollten (als Freie mussten sie Kriegsdienst leisten). Sie verloren prinzipiell den Status des Freien dadurch nicht, sondern wurden nur bezüglich der Güter dem Herrn hörig (Grundhörige, Hörige). Solche abhängige, aber persönlich freie Bauern treten uns etwa entgegen als "freie Gotteshausleute" eines Klosters.

Im Alpenraum war der Anteil der Freien mit eigenen Höfen im Hochmittelalter wohl grösser als im Mittelland, doch ist das Verhältnis zwischen freien und abhängigen Leuten auf Grund der schlechten Quellenlage nicht mehr auszumachen. Wahrscheinlich waren die Alpentäler relativ spät auf Anstoss von Grundherren (z.B. Klöstern) besiedelt worden. Von den Walserwanderungen wissen wir, dass solchen Kolonisten meist bestimmte Freiheiten gewährt wurden.

Man schenkte den Auswanderungswilligen das Recht auf Freizügigkeit (Recht, sich anderswo niederzulassen) und wohl auch die Leibfreiheit (Lösung aus der Leibherrschaft). Diese Kolonisten blieben aber der Grundherrschaft und Gerichtsherrschaft unterworfen. Immerhin gewährte man ihnen meist eine gewisse Verwaltungsautonomie, indem sie den Talamtmann selber stellen konnten, der die Rechte des Herrn im Tal wahrnahm und verwaltete (vgl. auch das Kapitel über die Talgenossenschaften, unten S. 42 f.).

Das Aufkommen des Geldwesens und der Niedergang des Kleinadels

Im 12. und 13. Jahrhundert hatten die Grundherren ihren Besitz meist durch Rodungen noch erweitert, um die Selbstversorgung zu verbessern und die Einkünfte zu erhöhen. Doch liess sich diese Ausdehnung nicht beliebig fortsetzen. Das Erreichen der Grenzen der Expansion fiel in den gleichen Zeitraum, in dem der Handel an Bedeutung gewann und sich infolgedessen das Geldwesen ausbreitete. Da schon damals das Geld einem fortlaufenden Entwertungsprozess unterworfen war, geriet der Adel (besonders der Kleinadel), der an diesem Handel keinen Anteil hatte und keine Möglichkeit sah, seine Einkünfte zu erhöhen, zusehends in wirtschaftliche Schwierigkeiten, wollte er am standesgemässen Lebensstandard festhalten.

Verschärfend wirkte sich in dieser Situation aus, dass der Besitz häufig durch Erbteilungen auch noch zerstückelt wurde. So führte diese Entwicklung dazu, dass zahlreiche Kleinadlige im 13. und 14. Jahrhundert hoch verschuldet waren und sich dann zu Verpfändung und Verkauf von Gütern entschliessen mussten, um zu Geld zu kommen.

Käufer waren vor allem die dominierenden Fürsten- und Grafenhäuser (wie z.B. in der Schweiz die Savoyer im Waadtland und die Habsburger im Aare- und Juraraum sowie in der Zentralschweiz) und die neu entstandenen Städte.

Der Beginn einer begrenzten Gemeindeautonomie

Das im 12. Jahrhundert aufkommende Geldwesen veränderte die Grundherrschaft allmählich auch in ihrer Struktur. Immer öfter verliehen nämlich die Grundherren auch ihr Herrengut, das sie bisher selber bewirtschaftet hatten, gegen Zinsen an Bauern, um zu Geld zu gelangen. Besonders Adlige, die sich als Burger in einer Stadt niedergelassen hatten, gingen häufig in dieser Weise vor.

Da solche Grundherren nun keine eigene Wirtschaft mehr betrieben, brauchten sie auch die Frondienste der Bauern nicht mehr. Daher wandelten sie die Dienste in eine Abgabe (oft bereits eine Geldabgabe) um. Auf diese Weise wurde der Grundherr, der vorher ein landwirtschaftlicher Unternehmer war, zu einem blossen Bezüger von Abgaben. Er lebte von einer jährlichen Rente.

Die Regelung der landwirtschaftlichen Probleme interessierte solche Rentengrundherren kaum noch stark. Daher nahmen die Dorfgenossen diese Aufgabe vermehrt selbst an die Hand (z.B. Regelung des Weidgangs, des Erntebeginns, Umzäunungen, Kauf und Verkauf von Gütern usw.). Da damit auch rechtliche Probleme verbunden waren, trat nun auch der Gerichtsherr (Vogt) stärker hervor. Im Spätmittelalter regelten Gerichtsherr und Dorfgemeinde zusammen die dörflichen Angelegenheiten.

Der Gerichtsherr als direkte Obrigkeit der Bauern

Wer sich als Gerichtsherr in einem Dorf durchsetzen konnte, das hing von verschiedenen Faktoren ab. Häufig brachte es ein lokal ansässiger Adliger dazu, dass ihm andere Grundherren aus Distanzgründen die Gerichtsrechte über ihre Güter in jener Gegend lehensmässig übertrugen oder verkauften. Nicht selten kam aber auch gewaltsame Aneignung vor.

Dadurch, dass ein Adliger die Gerichtsrechte verschiedener Herren ausübte, erstreckte sich die Gerichtsherrschaft im günstigsten Fall über ein geschlossenes Gebiet (z.B. ein oder mehrere Dörfer). Der Gerichtsherr konnte also als einziger Herr in diesem Gerichtskreis Gewalt über a l l e Bauern ausüben, gleichgültig, welche Grund-, Leib- oder Kirchenherrn sie sonst noch hatten.

Für die Bauern war der Gerichtsherr oder Vogt die eigentliche direkte Obrigkeit.

Der Vogt hatte das Recht, zu gebieten ("twing") und zu verbieten ("bann"). Er wachte ferner darüber, dass die Bauern die Gebote und Verbote auch einhielten (Polizeigewalt), und war befugt, diejenigen, die sie übertraten, zu bestrafen (richterliche Gewalt). Er konnte die Bauern zu gemeinsamen Frondiensten ("gmeinwerch") aufbieten (z.B. für Wege- und Strassenbau, Eindämmungen u.ä.) und besass als der Schutz- und Schirmherr der Bauern das Mannschaftsrecht (militärisches Aufgebot im Falle eines Angriffes).

Vogt zu sein bedeutete also:

- das Recht durchsetzen
- die Einhaltung des Rechts überwachen
- Macht ausüben.

Der Gerichtsherr als Richter

Der Gerichtsherr hatte den Vorsitz im Gericht, das jährlich zwei- bis dreimal zusammentrat und zu dem die Bauern aufgeboten wurden. Der Herr u n d die Genossenschaft der Gerichtsinsassen bildeten zusammen das Gericht.

Die n i e d e r e G e r i c h t s b a r k e i t erstreckte sich in der Regel auf

- leichtere Kriminalfälle (Beschädigung von Zäunen, Schlägereien ohne Verletzungen usw.) bis zu einer bestimmten Bussenhöhe und
- Zivilstreitigkeiten um Geldschulden und Fahrhabe.

Häufig verurkundete das Gericht auch Liegenschaftshändel (nähere Angaben über die Gerichtsherrschaft finden sich in: "Aus dem mittelalterlichen Leben 1, Auf dem Land", S. 65 ff.).

Die Blut- und Hochgerichtsbarkeit

Gerichtsfälle, welche die Kompetenz der niederen Gerichte überstiegen, kamen vor das Hochgericht. Das Hochgericht erstreckte sich räumlich meist über mehrere Niedergerichte. Es richtete über "dieb und frevel". Als "frevel" bezeichnete man Vergehen gegen Leib und Leben von der Verwundung bis zu Totschlag und Mord. Beide Vergehensarten konnten busswürdig sein oder mit Leibesstrafen belegt werden.

War in das Hochgericht auch die Blutgerichtsbarkeit eingeschlossen, hatte der Gerichtsinhaber das Recht, "stock und galgen" zu errichten, also das Recht zur Exekution der Leibes- und Todesstrafe.

Der Blut- und Hochgerichtsinhaber trat wiederum als einziger der Herrschaftsträger in eine herrschaftliche Beziehung zu allen Einwohnern seines Sprengels. Bezogen und beschränkt auf die Rechtssprechung verfügte er also über eine Herrschaft in einem geschlossenen Raum (zugehörige Begriffe sind: Grafschaft, z.T. auch Landgrafschaft, Amt, Reichsvogtei, Vogtei, Talschaft/Tal, Herrschaft).

Da die Blutgerichtsbarkeit als Reichslehen galt und mit ihr die Regalien verbunden waren, galt ihr Inhaber als der eigentliche königliche Stellvertreter. Regalien waren das Münz-, Zoll- und Steuerrecht, das Marktrecht, das Recht zum Burgen- und Städtebau und die Heerfolge.

4. Wirtschaftliche, soziale und politische Strukturen der Städte

Handel und Handwerk

Die mittelalterliche Stadt war geprägt von Handel und Handwerk. Die Entwicklung der Städte (z.B. die zahlreichen Städtegründungen vom 12. - 14. Jahrhundert) lief Hand in Hand mit der Bedeutungszunahme von Handel und Gewerbe. Einen geschützten Markt zu bieten war die Hauptfunktion der Stadt.

Kaufleute und Handwerker waren die neue dynamische Bevölkerungsschicht, die nach Möglichkeit versuchte, der Stadt das Monopol der gewerblichen Produktion zu verschaffen und die gewerbliche Produktion auf dem Land weitgehend einzuschränken.

Praktisch in allen Städten bildeten sich mit der Zeit nach Berufsgattungen getrennte Zünfte (Berufsverbände), die Produktion und Verkauf genossenschaftlich regelten (über Handwerker und Zünfte siehe: "Aus dem mittelalterlichen Leben 2, In der Stadt", S. 68 ff.).

Die städtischen Freiheiten

Die Stadtbewohner genossen allgemein mehr Freiheiten als die Landbewohner. Das vom Stadtherrn verliehene Stadtrecht sicherte die Rechte der Burger der Stadt: Sie durften eigene Gesetze aufstellen, Verwaltungsorgane und Räte wählen, hatten Markt- und Zollfreiheit und genossen persönliche Freiheitsrechte wie das Recht auf Eigentum, Freizügigkeit, Ehefreiheit usw. (zu den Rechten und Freiheiten in der Stadt vgl.: "Aus dem mittelalterlichen Leben 2, In der Stadt", S. 50 ff.).

Soziale Schichten

Auch wenn für alle Stadtbewohner der Grundsatz der persönlichen Freiheit galt, gab es doch eine sehr differenzierte Schichtung.

Ueber Kaufleute und Handwerker stellte sich das Patriziat (Stadtadel), das die entscheidende politische Gewalt ausübte. Längst nicht in allen Städten gelang es den Zünften im 13. und 14. Jahrhundert, ihre Mitwirkung am Regiment der Stadt durchzusetzen. So entstanden im 15. Jahrhundert neben den sogenannten Zunftstädten wie Basel, Zürich und Schaffhausen die Patrizierstädte wie Bern, Luzern, Solothurn und Freiburg (zur politischen Bedeutung der Zünfte siehe: "Aus dem mittelalterlichen Leben 2, In der Stadt", S. 83 ff.).

In jeder Stadt gab es auch eine breite, politisch völlig rechtlose Unterschicht, die bis zu 70% der Einwohnerschaft umfassen konnte (vgl. dazu: "Aus dem mittelalterlichen Leben 2, In der Stadt", S. 55 ff.).

Das Streben nach städtischer Autonomie

Ursprünglich waren auch die Städte grundherrliche Anlagen und Eigentum des Grundherrn (Stadtherrn). Im Verlaufe der Entwicklung kam es aber in jeder Stadt zwischen den Burgern und dem Stadtherrn zu einer machtpolitischen Auseinandersetzung, die in den meisten Fällen zur Einschränkung der Macht des Stadtherrn zugunsten der Selbständigkeit der Stadt führte.

Bei günstigen Umständen gelang es einer Stadt sogar, den Stadtherrn ganz auszuschalten und zur reichsfreien (d.h. direkt dem König unterstellten) Stadt zu werden. Der König als Herr war weit weg, und sein Vogt wurde häufig aus den Reihen des städtischen Adels selbst erkoren. Faktisch mit der Reichsfreiheit, später dann auch urkundlich bestätigt, bekam die Stadt auf diese Weise den Blutbann, das Gericht, das Münzrecht und die übrigen Regalien in ihre Hand, hatte also eine den Reichsfürsten analoge Stellung.

Im schweizerischen Raum wurden 1218 Zürich, Bern und Solothurn reichsfrei. Andere Städte rangen mühsam um einzelne Rechte, blieben aber auf halbem Wege stecken oder fielen gar in die Abhängigkeit von einem Stadtherrn zurück.

5. Die Verbesserung von Sicherheit und Frieden durch Landfriedensbündnisse

Die Sorge um Frieden und Recht als Aufgabe des Königs

Den Frieden zu wahren und die bestehenden Rechtsverhältnisse im Reich zu schützen war die Hauptaufgabe des Königs. Der Besitz der Regalien verlieh ihm dazu die nötige Reichsgewalt. Die Errichtung eines ausgebauten Rechtswesens (s. S. 14 f.) sollte dafür sorgen, dass ein Rechtsstreit vor Gericht mittels eines Rechtsspruchs wieder beigelegt werden konnte.

Da aber die Adligen sich nach altem germanischem Recht auch selber ihr Recht verschaffen durften (mittels Gewalt in der Form der Fehde), blieb die Wirksamkeit der Reichsgerichte in dieser Beziehung beschränkt.

Das Fehde(un)wesen

Versuchte ein Adliger sich durch die Fehde, also einen Racheakt, sein Recht wieder zu verschaffen, waren die Verwandten und Abhängigen verpflichtet, ihm Fehdefolge zu leisten. So kam es häufig vor, dass durch einen Streit zwischen zwei Familien ganze Landschaften in einen Kleinkrieg verwickelt wurden, der einzig den Zweck hatte, den Gegner mit Raub, Brand und Totschlag möglichst zu schädigen.

Sicherlich war die Fehde zur Zeit der germanischen Sippenverbände eine angemessene Form der Rechtswahrung. Im Hochmittelalter wurde sie jedoch zur Geissel der Menschen und zum Hemmschuh eines prosperierenden Handels. Deshalb versuchten besonders die am Handel interessierten Fürsten, Städte und Länder seit dem 13. Jahrhundert, die Fehden mittels Landfriedensbündnissen zu unterbinden.

Landfriedensbündnisse

Im Vordergrund der Landfriedensbündnisse, zum Beispiel des Bundes zwischen Uri, Schwyz und Unterwalden von 1291, standen Vereinbarungen zur Wahrung des Landfriedens. Dies waren gegenseitige Hilfe bei Gewalttaten, Schlichtung von Streitigkeiten zwischen den Ländern mit Hilfe eines Schiedsgerichts, gegenseitige Hilfe bei der Strafverfolgung im Fall von Fehde, Brandstiftung, Raub, Schädigung und willkürlicher Pfändung. Erstrebt wurden in erster Linie Friede im Innern und Aufrechterhaltung der bestehenden Verhältnisse.

Schiedsgerichte

Die Fehde konnte also nicht einfach aus der Welt geschafft werden. Als Mittel zur Friedenswahrung wurde deshalb in den Landfriedensbündnissen ein schiedsgerichtliches Verfahren festgelegt. Konflikte schiedsgerichtlich zu lösen setzte Verhandlungsbereitschaft und Verständnisbereitschaft für die Argumente des Gegners voraus. Das schiedsgerichtliche Verfahren spielt auch heute eine grosse Rolle in Wirtschaft, Politik, Sport und - auf ähnliche Weise - in unserem Alltag.

6. Die Territorialbildung der Fürsten, Städte und Länder

Allgemeine Entwicklung

Schon in den Jahrhunderten des Hochmittelalters versuchten grosse und kleine Herren (allen voran die Reichsfürsten: Herzöge, Mark- und Pfalzgrafen), die verschiedensten Herrschaftsrechte zu erwerben, um dadurch ihre Macht zu steigern und ihren Herrschaftsbereich abzurunden. Ziel war es, in einem geschlossenen geographischen Raum möglichst alle Herrschaftsrechte an sich zu ziehen (= Territorialbildung).

Ihre Aufmerksamkeit galt insbesondere der hohen und niederen Gerichtsbarkeit, weil sie sich meist über ein geschlossenes Gebiet erstreckten. Die Kumulation solcher Gerichtsherrschaften verstärkte die Position der Landesfürsten erheblich; denn durch die Verfügung über das Gerichtswesen hatte der Fürst die wichtigsten "staatlichen" Machtkompetenzen der damaligen Zeit in seiner Hand.

Die Mittel zum Erwerb solcher Herrschaften waren: Kauf (dank der aufkommenden Geldwirtschaft), Erbschaft, Heirat, Vertrag, Eroberung, Pfandschaft (wenn keine Auslösung des Pfands mehr erfolgte).

Der Ausbau des modernen Territorialstaates, der im Deutschen Reich wegen der Schwäche des Königtums auf der Ebene der Fürstentümer erfolgte, wurde in den westeuropäischen Staaten durch die Könige auf der Reichsebene vollzogen. Deshalb treten uns hier bereits im 15. Jahrhundert Nationalstaaten entgegen (Frankreich, England, Spanien, Portugal).

Die Entstehung der Eidgenossenschaft

In diesen Prozess der Territorialbildung ist nun auch die Geschichte der werdenden Eidgenossenschaft hineinzustellen. Den eidgenössischen Orten gelang es, sich durch Bewahrung der Reichsunmittelbarkeit der Unterwerfung unter eine landesherrliche Fürstenherrschaft zu entziehen. Die selbständigen ländlichen und städtischen Kommunen bildeten dann zum grössten Teil selber (mit denselben Mitteln wie die Fürsten) Territorien aus. Dies konnte nur auf Kosten des Adels bewirkt werden, weshalb eine lange Reihe von Auseinandersetzungen der Städte und Länder mit dem Adel die Geschichte der frühen Eidgenossenschaft prägte. Insbesondere überschnitten sich die habsburgischen Territorialpläne mit den Absichten der Eidgenossen. Die Habsburger selbst verloren schliesslich bis ins 15. Jahrhundert hinein sämtliche Herrschaftsrechte auf schweizerischem Gebiet ausser im Fricktal.

Die Territorialpolitik zielte jetzt darauf, die Herrschaft über wichtige Handelsstrassen zu erlangen und von den Einnahmen zu profitieren. Die territoriale Entwicklung Berns zeigt beispielhaft, wie sich ein Staat entlang von Handelswegen ausdehnte. Aber auch die Ostpolitik Zürichs und die Südpolitik der Innerschweiz (insbesondere Uris) waren von derselben Tendenz gekennzeichnet.

7. Die Eidgenossenschaft um 1500

Die Eidgenossenschaft war im 16. Jahrhundert ein kompliziertes rechtliches Gebilde, dessen Mittelpunkt die 13 Orte (7 Städteorte, 5 Länderorte und Zug) waren. Die gemeinsame Bindung stellten die Bundesbriefe her, welche die einzelnen Orte mit anderen verbanden, jedoch nicht so, dass jeder Ort auch direkt mit jedem anderen verbunden war.

Gemeinsam eroberte Gebiete, die sogenannten "Gemeinen Herrschaften", wurden von den erobernden Orten gemeinsam verwaltet. Neun solche Herrschaften wurden von den acht alten Orten im Turnus verwaltet, andere neun von nur zwei oder drei Orten.

In einer weniger festen Bindung zu den 13 Orten standen die sogenannten "Zugewandten Orte", die mit einem oder mehreren Kantonen durch einen Bundesbrief verbunden waren. Dazu gehörten Städte wie Mülhausen, Rottweil, St. Gallen und Biel und auch kleinere und grössere Territorien, daneben auch zwei monarchische Gebiete (Fürstbistum St. Gallen und Grafschaft Neuenburg).

Rechtsgrundlagen

Die Rechtsgrundlage der Eidgenossenschaft bildeten die Bestimmungen der Bundesbriefe und die sogenannten "Verkommnisse" (Pfaffenbrief, Sempacherbrief, Stanserverkommnis). Ueber die Regelung von Militär- und Rechtshilfe, schiedsgerichtlicher Verfahren und Landfriedensbestimmungen gingen die einzelnen Briefe selten hinaus. In den Verkommnissen versuchte man, eine einheitlichere Kriegsordnung durchzusetzen. Der Schwerpunkt der Rechtsetzung lag aber eindeutig bei den einzelnen Orten selbst.

Die Tagsatzung als gemeinsames Organ

In der Tagsatzung bildete sich etwa seit 1400 ein Organ des bündischen Zusammenlebens aus. Ihre Vorstufe waren schiedsgerichtliche Verhandlungen. Die Tagsatzung war ein Kongress der Abgesandten der einzelnen Orte und zum Teil der Zugewandten, die nach Instruktion ihrer Regierung stimmten. Der V o l l z u g der Beschlüsse oblag den einzelnen Orten, so dass die Verbindlichkeit von Tagsatzungsentscheiden nur beschränkt gegeben war. Aus den Protokollen der Tagsatzungsbeschlüsse, den "eidgenössischen Abschieden", entwickelte sich allmählich eine Art Bundesrecht.

Verbindendes

Der Zusammenhalt der Orte gründete auf den in den Bundesbriefen festgelegten friedlichen Konfliktregelungsverfahren (Schiedsgerichte), dem gemeinsamen Interesse am Landfrieden und an der Aufrechterhaltung von Ruhe und Ordnung.

Auch die gemeinsame Verwaltung der Gemeinen Herrschaften und die erfolgreichen Kriege gegen den Hochadel festigten den Zusammenhalt.

Trennendes

Auf der anderen Seite wurde das Weiterbestehen des Bundes auch immer wieder in Frage gestellt. Gegensätze zwischen

- Obrigkeiten und Untertanen
- Stadt- und Landorten
- süd- und westorientierten Orten
- katholischen und protestantischen Orten

sowie die Verfolgung von Einzelinteressen, die im Widerspruch zu jenen anderer

Orte standen, brachten einzelne Orte immer wieder nahe daran, aus der Eidgenossenschaft auszuscheiden. Wenn zuletzt doch ein Kompromiss resultierte, dann häufig aus Rücksicht auf finanzielle Motive (Verlust der Einkünfte aus den Gemeinen Herrschaften und den Soldverträgen) oder aus machtpolitischen Erwägungen.

Bedeutung der Reformation für Untertanen und Obrigkeiten

Die Glaubensspaltung, die in der Schweiz um 1520 ihre Wirkung zu zeigen begann, führte zu starken Spannungen einerseits zwischen Obrigkeit und Untertanen, andererseits zwischen den agrarisch geprägten inneren Orten, die am Katholizismus festhielten, und den Stadtorten, die mehrheitlich dem Protestantismus zuneigten. In dieser Zeit nahmen die Regierungen die Chance wahr, ihre Macht zu erweitern und sowohl Kirchenbesitz wie Seelenheil dem staatlichen Einfluss zu unterstellen. Die R e g i e r u n g bestimmte den Glauben, die Toleranzidee war damals noch nicht wirksam.

Die Untertanen verstanden die Glaubensbotschaft oft als reale Befreiungsidee und verbanden mit dem neuen, auf die Bibel gründenden Glauben die Forderung nach Ablösung der Feudallasten. Das konnte nicht im Sinne der Regierenden und der Besitzenden sein, weshalb solche sozialreformerische Bewegungen rücksichtslos unterdrückt wurden.

Die Regierungen verschafften sich in der Reformation einen grossen Machtzuwachs; in den katholischen Orten wurde durch die enge Verbindung von Kirche und Obrigkeit eine ähnliche Wirkung spürbar.

Handel und Verkehr

Zum Bild auf Seite 21:

Ein Säumerzug überquert die
Teufelsbrücke auf dem Weg
zum Gotthardpass. Die in
Fässern und Ballen verpack-
ten Waren wurden von Pferden
und Maultieren getragen.

(Oel auf Leinwand von Caspar
Wolf, 1777, Aargauer Kunst-
haus, Aarau)

Didaktische Vorbemerkungen

Das Kapitel "Handel und Verkehr" soll dem Schüler die wirtschaftsgeschichtliche Grundlage zum Verständnis der frühen Schweizergeschichte vermitteln. Landwirtschaft und Handwerk prägten das damalige Erwerbsleben; der seit den Kreuzzügen stark aufkommende Handel und Verkehr brachte ein dynamisches Element in das bisher recht statische, auf Selbstversorgung ausgerichtete Wirtschaftsleben.

Handel und Verkehr erschlossen neue Räume; die politische Horizontlinie verschob sich über die Gemeinde, Stadt oder Region hinaus. Um Handel und Verkehr entstand eine neue gesellschaftliche Schicht, die das Leben in den Städten prägte und mit ihrer Finanzkraft neue wirtschaftliche Möglichkeiten aufdeckte.

Der Schüler begleitet einen Händler durch schweizerisches Gebiet. Er lernt dabei die spätmittelalterlichen Wirtschaftsformen kennen, erlebt Risiko, Gefahren und Gewinnmöglichkeiten des Handels. Er sieht den Unterschied zwischen luxusorientiertem Fernhandel und dem regionalen Güteraustausch (vgl. dazu "Aus dem mittelalterlichen Leben", Band 2). Gleichzeitig ist zu lernen, wie zwischen den am Handel interessierten Städten und Orten neue Zusammenarbeitsformen nötig wurden, damit rechtssichere Verhältnisse geschaffen werden konnten.

Der Drang, Anschluss an die wichtigen Handelsstrassen zu finden, um an Zolleinnahmen und Marktrechten zu partizipieren, wurde zum Anlass einer ausgreifenden Territorialpolitik.

Im fächerübergreifenden Unterricht (Geschichte und Geographie) lernt der Schüler den Pass als verbindendes und trennendes Element kennen. Pässe wurden zu Kristallisationspunkten eines politischen Beziehungsnetzes; eine Passroute zu kontrollieren, wurde zum einträglichen Geschäft. Die Schweiz als Pass- und Durchgangsland ist von Verkehrs- und Handelsbedürfnissen nachhaltig geprägt worden. Der Verkehr wurde zu einem entscheidenden gemeinschaftsbildenden Element.

Vierrädriger Frachtwagen (Holzschnitt 1502)

1. HANDELSRAEUME UND HANDELSWAREN

1.1. BALLUNGSRAEUME UND PRODUKTIONSZENTREN

Europa war seit dem Altertum ungleichmässig besiedelt. Neben ländlichen Gebieten mit geringer Bevölkerungsdichte gab es ·bereits Ballungsräume mit intensive-
rer wirtschaftlicher Tätigkeit (gewerbliche Produktion, Handel). Dazu zählten
die Lombardei und die Rhonemündung. Auch das sogenannte Rhein-Main- Dreieck um
Frankfurt und Mainz, der Donauraum und die Champagne waren wirtschaftlich bedeutende Gebiete.

Im Laufe des Mittelalters, etwa seit dem 13. Jahrhundert, entwickelten sich
Flandern, die Niederlande und der Donauraum mit Wien zu wirtschaftlichen Zentren. Im Norden wurde der Hanseraum mit den Hafenstädten Bremen, Hamburg, Lü-
beck, Stralsund u.a. bedeutend, welche ihren Handel auch auf den baltischen
Raum ausrichteten. Die italienischen Hafenstädte Venedig, Genua u.a. wurden
durch den Handel mit dem Orient reich und bedeutend.

Zwischen den einzelnen Regionen entwickelte sich nun ein weiträumiger Handel
und Verkehr. Neben diesem Fernhandel spielte in solchen Zentren auch der regio-
nale Güteraustausch eine grössere Rolle.

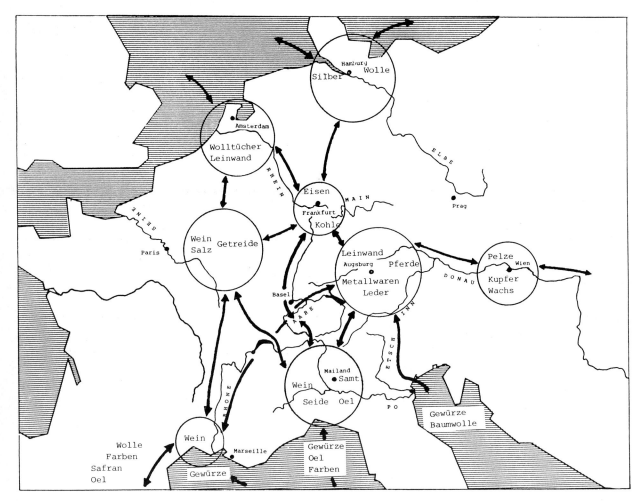

Für den Fernhandel bildeten die Alpen vorerst einen Riegel, so dass eine nörd-
liche und eine südliche Handelszone entstanden. Die Kreuzzüge und das erneuerte
Interesse der deutschen Könige an Italien im 13. Jahrhundert förderten den Güteraustausch zwischen Norden und Süden. Italienische Kaufleute führten Waren
aus dem Orient und dem Mittelmeerraum über die Alpen und eröffneten damit den
alpinen Handelsverkehr.

Neben dem Transithandel entwickelte sich auch im Alpenraum ein regionaler Handel (vgl. "Aus dem mittelalterlichen Leben", Band 2, Kapitel "Markt und Handel").

1.2. FERNHANDELSWAREN IM SCHWEIZERISCHEN RAUM

Importierte Güter

Getreide: Die eidgenössischen Orte konnten selten genug Getreide pro-
                    duzieren. Daher bemühten sich die einzelnen Orte um eine sy-
                    stematische Kornpolitik. Die Einfuhren stammten vor allem
                    aus dem Westen (Freigrafschaft Burgund) und dem Süden.

Baumwolle: Aus dem Orient via Venedig oder Genua.

Farben: Indigo aus Bagdad, "Scharlat"-Pulver aus der roten Schild-
                    laus der Scharlacheiche von Spanien.

Salz: Aus Mailand, dem Burgund und dem Donauraum (war auch für die
                    Viehzucht notwendig).

Wein: Aus dem Elsass, aus Burgund und der Lombardei.

Wetzsteine: Aus Oberitalien.

Metallwaren: Kleinwaren aus Nürnberg, Nadeln und Nägel aus Mailand, Halb-
                    fertigprodukte und Kupfer aus dem Donaubecken.

Edelmetalle: Aus dem Donaubecken, aus Nürnberg und dem Osten; Golddraht
                    aus Italien.

Wachs: Aus dem Osten.

Gewürze, Oele: Ingwer, Muskat, Pfeffer, Safran, Zimt, Gewürznelken, Oliven-
                    öl, Loröl (aus Beeren des Lorbeerbaumes) aus dem Mittelmeer-
                    raum, zum grössten Teil via Venedig oder Genua aus dem Ori-
                    ent eingeführt.

Pelze: Marder, Nerz, Hermelin und Zobel aus dem Osten.

Exportierte Güter

Vieh:
Seit dem 13. Jahrhundert verdrängte die Viehzucht in den Alpentälern zunehmend den Ackerbau. Die gesömmerten Tiere wurden im Herbst auf die Märkte von Como, Mailand und Varese getrieben.

Pferde:
Im eidgenössischen Hügelland wurden Pferde für den Export gezüchtet (Kloster Einsiedeln, St. Gallen usw.). Grossen Bedarf an Streitrossen hatten stets die Herzöge von Mailand. Zu Hunderten wurden sie von Pferdehändlern nach der Lombardei getrieben. Da die Kaufleute ihre Waren meist auf Tieren transportierten, waren auch Transporttiere gefragt. Die Haslitaler züchteten sogar ihre eigene Rasse, wohl eine Art Haflinger.

Tierhäute:
Ein weiterer bedeutender Ausfuhrartikel waren die Tierhäute. Berner Gerberwaren kamen beispielsweise auf den Markt von Zurzach, wo sie von Fernhändlern erworben und dann auf südlichen Märkten abgesetzt wurden. Im Zolltarif von Como von 1320 liest man von aus dem Norden eingeführten Ochsen-, Schaf-, Lamm-, Widder- und Eichhörnchenfellen sowie Katzen-, Hasen- und Fuchsbälgen.

Leinwand und Wolltuch:
Besonders bekannt waren die St. Galler, Schaffhauser und Appenzeller Leinwand sowie das freiburgische Wolltuch.

Viehtransport
(Schodoler Chronik)

1.3. ARBEITSMOEGLICHKEITEN ZU KAPITEL 1: HANDELSRAEUME UND HANDELSWAREN

Uebersicht

wie?	was?	Schülermaterial	Lehrerinformation
erzählen, lesen	Rahmengeschichte des Kaufmanns Benedicht		S. 28-30
einen Lesetext auswerten	Die Herkunft der Handelswaren	A 1	S. 25/26, 31
auf eine Karte übertragen	Den Inhalt eines Lesetextes auf eine Karte übertragen	A 2	S. 31
an der Moltonwand demonstrieren	Moltonwandarbeit über mittelalterliche und heutige Handelsräume	A 3/4	S. 32/33
eine Szene darstellen	Quellenlektüre und szenische Darstellung: Im Zollhaus Schaffhausen 1363	A 5	S. 34/35
ein Klassengespräch führen	Aktueller Bezug: Woher kommen unsere heutigen Lebensmittel, Kleider usw.?		

Erzählvorlage für eine Rahmengeschichte

Benedicht Kaufmann reist nach Mailand

In Basel

Vom Marktplatz her schlendert Benedicht Kaufmann dem Zunfthaus "Zu den Kaufleuten" zu. Er hat einen langen, anstrengenden Tag hinter sich. Benedicht tritt in
die schwach erhellte Zunftstube. An einem runden Tisch sieht er andere, ihm un-
bekannte Kaufleute, die wie er mit Waren unterwegs sind. Sie laden ihn ein, ein
Mass Wein mit ihnen zu trinken. Benedicht Kaufmann setzt sich zu den stattlich
gekleideten Männern, die in einer hitzigen Diskussion stecken.

"Was sagst du? In Mailand bekomme man nur noch die Hälfte des Betrages für Tuch
und kostbare Stoffe?" "Ja", bestätigt ein älterer, erfahrener Kaufmann, "bald
zahlen sie so wenig, dass man die Waren besser wieder mit sich zurücknimmt."

Später berichten zwei andere mit roten Köpfen, kürzlich seien sie unterhalb der
Viamalaschlucht von Räubern und Wegelagerern überfallen worden. Nur dank dem
zufälligen Eintreffen eines bewaffneten Händlerzuges seien sie mit dem Leben
davongekommen.

So werden Erlebnisse und Nachrichten ausgetauscht. Oft wird dabei auch gehörig
übertrieben, denn der würzige Wein aus der Lombardei lockert die Zungen. Während einige Kaufleute sich auf einer Holzbank der Länge nach ausstrecken, erzählen die andern im Licht einer Kerze noch weiter von ihren Abenteuern.

Allerhand wird berichtet: von Lawinenunglücken und Schneetod bei Passübergängen
im Bündnerland, von unwegsamen und gefährlichen Saumwegen im Reusstal, von fre-
chen Säumern und störrischen Tieren, vom Zollhaus am Flussübergang in Brugg,
von Fehden und unsicheren Zeiten, wie man sie schon lange nicht mehr erlebt habe.

"Und du, Benedicht, wohin ziehst du?" "Nach Mailand", antwortet Benedicht, "bereits das dritte Mal in diesem Jahr. Ich muss mich beeilen, sonst bringe ich
meine Ware kaum rechtzeitig vor dem Wintereinbruch aus dem Welschland zurück.
Auf dem Rückweg will ich Ketten und Waffen, welsche Rüstungen und Wein mitfüh-
ren. Ich bin mir nur noch nicht im klaren, welchen Weg ich nehmen soll. Im
Bergland muss ja alles gesäumt werden."

Ein anderer Händler fällt ihm ins Wort: "Ich rate dir, über Zürich, den See und
das Bündnerland zu ziehen. Ueber den Septimerpass kann man jetzt sogar mit Karren fahren. Ich selber habe da die besten Erfahrungen gemacht. Wohl sind die
Säumer unverschämt mit den Preisen, aber wer es nicht scheut..."

Ein Luzerner Kaufmann wehrt ab: "Nein, jetzt zieht man doch über Luzern und den
Gotthard." Er taucht seinen Zeigefinger in eine kleine Weinpfütze und zeichnet
auf den schweren Eichentisch die wichtigsten Zollhäuser, Brücken und
Uebergänge, den Weg über den Vierwaldstättersee, durchs Reusstal und über den
Gotthard. Bei jeder Station erklärt er ausführlich, wie die Susten und Herber-
gen, wie hoch die Zölle seien, wo sich Engpässe oder gefährliche Stellen

befänden, wo man auf Wegelagerer gestossen sei und wie lange man für diese Fahrt benötige.

Benedicht Kaufmann hat Lust, einmal diese Strecke zu gehen, auch wenn der Luzerner von steilen, fast unpassierbaren Stellen in Schluchten und über Stege gesprochen hat.

Müde legen sich nun auch die letzten Kaufleute irgendwo in der Stube hin. Einige schnarchen bereits. Beim Hahnenschrei will jeder wieder auf den Beinen sein.

In Luzern

Drei Tage später ist Benedicht Kaufmann in Luzern. Weil gerade Markttag ist, herrscht bereits früh ein grosses und lustiges Treiben. Frauen und Männer versuchen, zu ihren Waren zu kommen. Benedicht bezahlt im Kaufhaus die Kaufhausgebühren und Zölle und lässt seine Waren aufladen. Dann begibt er sich mit seinen Begleitern zur Schiffländte, wo die Waren auf ein Boot umgeladen werden.

Auf dem See kommen sie nur sehr langsam vorwärts, da sie hart gegen den Wind ankämpfen müssen. Erst gegen Sonnenuntergang erreichen sie Flüelen.

In Flüelen

Benedicht und seine Begleiter suchen sofort den Sustmeister, der die Waren an einem sichern Ort stapelt. Während sie noch umladen, bricht ein heulender und brausender Föhnsturm los. Was nicht befestigt oder angebunden ist, reisst er mit sich fort. "Ein Glück, dass ihr vor dem Sturm angekommen seid. Jetzt auf dem See, das ist lebensgefährlich..." brummt der Sustmeister.

Im kerzenerhellten Raum, wo andere Kaufleute schon schlafen, legt sich auch Benedicht nieder.

Der Föhn lässt gegen Mitternacht nach; dafür setzt gegen Morgen ein starker, prasselnder Regen ein.

Schon im Morgengrauen hört man rund um die Sust Rufe und Befehle.

Die Knechte laden Fässer, Kisten, Ballen, Säcke und Beutel auf Pferde, während schon einige Kaufleute mit scharfem Blick die Arbeit überwachen; sie zählen und kontrollieren, sie ziehen und zerren an dem Gepäck und prüfen, ob die Ladung fest sitzt. "Gut gepackt, ist halb gereist", behauptet ein gewichtiger schwäbischer Händler.

Der Regen hat inzwischen aufgehört. Auch Benedicht Kaufmann zieht mit einem der frühen Säumerzüge talaufwärts. In jeder Sust werden Tiere und Säumer gewechselt und die Waren umgeladen. So gelangen die Kaufleute und ihre Handelsware über den Pass.

Jenseits der Berge, sobald das unwegsamste Gelände drei Tage später überwunden ist, werden die Waren wieder verschifft und mit Booten auf den Flüssen und Seen nach Mailand gebracht.

In Mailand

Benedicht Kaufmann hält an dem ihm zugewiesenen Marktplatz seine Waren feil,
die er auf seiner langen, mehrwöchigen Reise vom Rheinland nach Mailand mitge-
führt hat. Welsche, südländische Kaufleute betrachten und prüfen seine Waren,
handeln und zahlen mit fremdem Geld, einige sogar mit Gold. Andere bieten ihm
für einen Ballen Wollstoff Eisenketten, Messer, Säbel und andere Waffen an. Im
Verlauf der Tage hat sich Benedicht Kaufmann mit verschiedensten Handelsgegen-
ständen aus der Umgebung von Mailand eingedeckt: Oelfässchen, Weinfässern,
Samt- und Seidenballen, Gewürzkistchen und vielem anderem mehr.

Ein paar Tage später zieht Benedicht Kaufmann durch das Bergell Richtung Septimerpass. Der gute Ausbau der Handelsstrasse und die Möglichkeit, die langen
Wasserstrassen benützen zu können, haben Benedicht diesen vielbegangenen Weg
wählen lassen.

Kaufmann und Käufer
(Holzschnitt
von J. Amman, 1568)

Arbeitshinweise zu A 1 und A 2

A 1 ist als Grundinformation für den Schüler gedacht. Mit den dort enthaltenen Informationen und einer Europakarte kann er A 2 lösen. Die Aufgabe könnte zum Beispiel lauten:

1. Unterstreiche die Angaben über die Waren und ihre Herkunftsorte.

2. Trage die Waren auf A 2 am richtigen Ort ein.

Lösungen zu A 2:

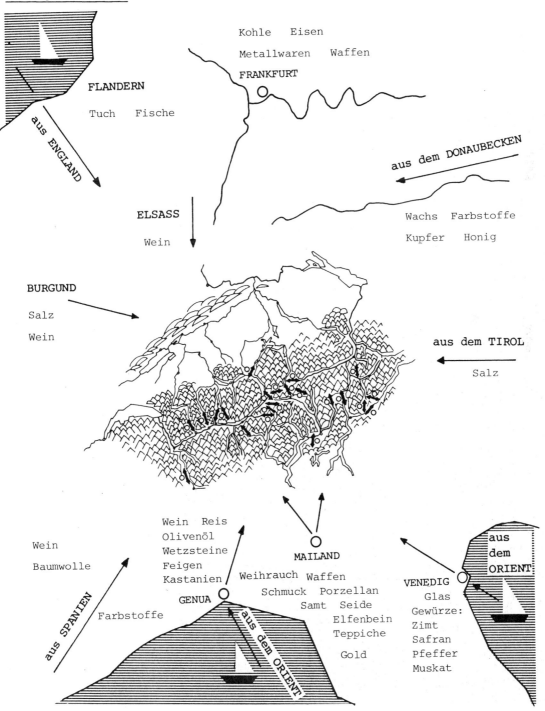

Arbeitshinweise zu A 3/4

Der Lehrer kann die verschiedenen Wirtschaftsräume und Ballungszenzentren auch anhand einer stummen Europakarte an der Moltonwand erarbeiten. Eine Europakarte mit geographischen und politischen Strukturen dient als Orientierungskarte. Zusätzlich hilfreich ist ein Satellitenbild Mitteleuropas bei Nacht (s. A 4).

1. Man kann die Wirtschaftsräume als Ballungszentren erkennen und überträgt sie auf die stumme Europa-Karte und/oder auf A 3 (Kreise).

2. Die Gründe, weshalb gerade diese Räume zu Wirtschaftszentren wurden, muss thematisiert und geklärt werden. Welche Voraussetzungen lassen ein starkes Handwerk und eine erfolgreiche Warenproduktion zu? Welche Auswirkungen hat ein blühendes Handwerk auf die Bevölkerungsentwicklung? Die Ergebnisse werden in einem Schema an der Moltonwand festgehalten (s. unten). Auf der stummen Karte trägt man zudem entsprechende Symbole ein (A 3).

3. Mit Hilfe von A 1 werden gehandelte Waren festgestellt und in eine Tabelle auf der Moltonwand mit Symbolen eingetragen (s. unten).

4. Anhand der physikalischen Europakarte wird überlegt, welche Routen die verschiedenen Handelszentren miteinander verbinden. Entsprechende Signaturen lassen sich auf der stummen Europakarte anbringen. Von Interesse werden vor allem die Passwege über die Alpen sein.

Tabelle zu den Handelswaren und Herkunftsräumen:

Produkte	Symbol	Flandern	Champagne	Rhein-Main	Donaubecken	Rhonemündung	Lombardei
Getreide	●（Getreide）		●				●
Reis	●（Reis）						●
Tuch	●（Tuch）	●			●		
Wolle	●（Wolle）	●					
Seide	●（Seide）					●	●
Pelze, Leder	●（Pelze/Leder）				●		
Wein	●（Wein）		●			●	●
Gewürze	●（Gewürze）					●	●
Oel	●（Oel）					●	●
Fische	●（Fische）	●					
Farbe	●（Farbe）					●	●
Salz	●（Salz）		●		●		
Eisen, Metallwaren	●（Eisen/Metall）			●	●		
Kohle	●（Kohle）			●			

Tabelle zu den Voraussetzungen des Wirtschaftswachstums (Möglichkeit):

Ballungsraum	Gründe/Voraussetzungen		
	gutes Klima guter Boden	Bodenschätze	gute Verkehrslage
1. Flandern			X
2. Champagne	X		
3. Rhein-Main-Raum		X	X
4. Donaubecken		X	X
5. Rhonemündung	X		X
6. Lombardei	X		X

Lösung zu A 3: Mittelalterliche Handelsräume und Handelsrouten

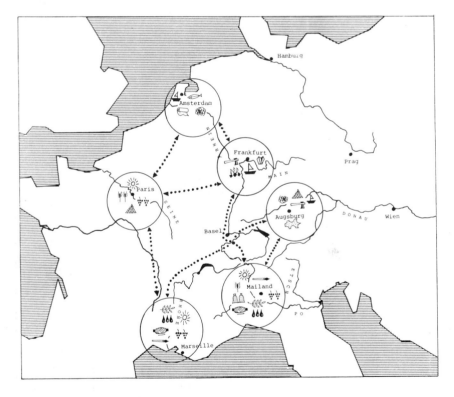

Mit Kreisen sind die grossen mittelalterlichen Wirtschaftsräume in Europa dargestellt.

1. Flandern
2. Champagne
3. Rhein-Main-Raum
4. Donaubecken
5. Rhonemündung
6. Lombardei

Mit Symbolen ist eingetragen, wodurch sich diese Wirtschaftsräume besonders auszeichnen:

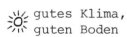 gutes Klima, guten Boden

Bodenschätze

gute Verkehrslage.

Mit Pfeilen ist eingezeichnet, wohin die Waren verkauft wurden.
Mit Symbolen ist eingetragen, welche Waren für den Handel hergestellt wurden:

 Getreide   Pelze, Leder   Farbe

 Reis   Wein   Salz

Tuch   Gewürze   Eisen/Metallwaren

 Wolle   Oel   Kohle

 Seide   Fische

Arbeitshinweise zu A 5

Das Zollrecht in Schaffhausen war um die Mitte des 12. Jahrhunderts in den Händen des Klosters Allerheiligen, ging später in österreichischen Besitz über und gehörte im 15. Jahrhundert der Stadt. Die Zollstätte an der "Schiffledi" bei der Rheinbrücke erhielt von der Hauptware, die den Zoll passierte, den Namen "Salzhof".

Der Zöllner erhob von allen durchreisenden Waren Zoll. Alle Einnahmen schrieb sein Geselle in ein Buch.

Heutiger Wert eines Angsters   = 2 Heller (Pfennige)
             eines Steblers   = 1 Heller (Pfennig) = ca. 1 Fr.

Arbeitsmöglichkeiten mit dem Schaffhauser Zolltarif von 1363:

- Welche Waren wurden verzollt?
- In welcher Form/Verpackung wurden sie transportiert?
- Woher kamen sie? Suche die Orte auf der Europakarte oder im Atlas. Nimm auch A 2 zu Hilfe.
- Ergänze, wenn nötig, A 2.

Lösungsmöglichkeit:

Waren	Herkunft	Form/Verpackung	Markt
Salz	Donauraum Burgund	Scheiben Kratten Blöcke Fass	Süden
Eisen	Rhein-Main	?	Süden
Blech	Rhein-Main	Stück	Süden
Zinn	Rhein-Main	?	Süden
Stahl	Lombardei Chur	Ballen	Norden
Wein	Lombardei	Wagen/ Karren (Fass)	Norden
Wachs	Donauraum	Stück	Süden
Tuch	Löwen, Brüssel, Vilroode, Mecheln, Chalons-sur-Saône, Aachen, Loviers (Normandie)	Ballen	Süden
Unschlitt, Schmalz, Fett, Schweinefleisch	?		Schaffhausen, Süden
Heringe	Flandern	Fässer	Süden

Eine Zollhausszene kann auch gespielt werden. Die Schüler können dazu angeregt werden durch das Anhören der Kaufhausszene am Anfang der Schulfunksendung von A. Pfister "Ein Jahrmarkt in einer mittelalterlichen Stadt" (Bezug: Berner Schulwarte: CA 44.142.0).

Zoll an der Hochstrasse, Schaffhausen
(Aquatinta von E. Federle, 1840)

2. VERKEHRSVERHAELTNISSE IM MITTELALTER

2.1. DIE VERKEHRSVERBINDUNGEN IM RAUME DER HEUTIGEN SCHWEIZ UND IHRE POLITISCHE BEDEUTUNG

Durch zunehmenden Handel erhielt der Alpenraum im Gebiet der heutigen Schweiz eine grössere Bedeutung. Die Kaiser, die grossen Adelsgeschlechter, Städte und Talschaften versuchten nun, den Nord-Süd-Verkehr zu kontrollieren und daraus Gewinn zu schlagen.

An den alten Pässen - am Mont Genèvre und Kleinen St. Bernhard, an den Bündner Pässen und am Brenner - hatten sich schon sehr früh weltliche und bischöfliche Herrschaften festgesetzt.

Die Verkehrsverbindungen in der Westschweiz

Die wichtigsten Routen in der Westschweiz führten einerseits vom Doubstal über den Jougnepass zum Grossen St. Bernhard und über Aosta nach Italien, andererseits vom Rhonetal über Genf und das schweizerische Mittelland zum Donaubecken.

Im Westen und Südwesten begünstigte die Schwäche des Königtums Burgund den Aufstieg der späteren Grafen von Savoyen (11./12. Jahrhundert). Es gelang ihnen, die wichtigsten Alpenverbindungen vom Rhonetal bis nach Turin in ihre Hand zu bringen und einen richtigen Passstaat mit weitgehend geschlossenem Territorium zu bilden. Mit dem Ausgreifen in die Waadt im 13.Jahrhundert (bis in die Gegend von Murten, Freiburg und Bern) und dem Erwerb der Grafschaft Genf zu Beginn des 15.Jahrhunderts wurden auch die den Pässen vorgelagerten Anmarschrouten eingegliedert.

Die Bündner Pässe

Die Bündner Pässe waren im Mittelalter die wichtigsten Alpenübergänge. Der Verkehr wickelte sich vor allem über den Septimer-, Julier- und Splügenpass ab. Die deutschen Kaufleute bevorzugten den Septimer, der auch "schwäbischer Pass" genannt wurde. Die Eröffnung der Gotthardroute im 13. Jahrhundert brachte den Bündner Pässen Konkurrenz, die wohl zuerst mehr im Reise- als im Handelsverkehr spürbar wurde. Die vielen Störungen der Gotthardroute infolge politischer Spannungen liessen die Reisenden und Kaufleute jedoch auch weiterhin die Bündner Pässe benutzen. Da die Mailänder Kaufleute 1386 wegen des Sempacherkrieges wieder die Bündner Pässe bevorzugten, beschloss man, den Septimer sogar mit Steinpflaster auszubauen, so dass ihn auch einachsige Wagen befahren konnten. Damit war die erste befahrbare Alpenstrasse auf dem Gebiet der heutigen Schweiz erstellt.

Dadurch verlor der Julier an Bedeutung. Der seit der Römerzeit begangene Splügenpass behielt seine Bedeutung, weil die Splügenroute für die Kaufleute sehr viel billiger war. 1473 entschloss sich auch die Talschaft im Domleschg, den alten Weg durch die Via Mala als Fahrweg herzurichten.

Im Osten und Süden hatte sich wegen der kaiserlichen Politik keine grossräumige Adelsmacht entfalten können. Zahlreiche kleinere und mittlere Herrschaften konkurrenzierten einander. Im Norden erwies sich schliesslich die Herrschaft des Bischofs von Chur als die dauerhafteste, wenn auch nicht alleinige Macht in Rätien. Sie griff bis ins Engadin, Puschlav und Veltlin hinüber. Südlich der Alpen war das dominierende Machtzentrum das Erzbistum Mailand, das im 13. Jahrhundert seine Interessen auf den Gotthard richtete. Daneben spielte das Bistum Como - zu dem auch das Locarnese und Bellinzona gehörten - in der Passpolitik eine Rolle.

Die Verbindungen im zentralen Alpenraum

An der Passpolitik waren seit dem 12. Jahrhundert auch die Herzöge von Zähringen interessiert. Die Westalpenpässe unter ihre Herrschaft zu bringen, scheiterte allerdings am Widerstand der im Gebiet ansässigen Herren (Grafen von Genf, Bischöfe von Lausanne) und vor allem Savoyens. Dafür gründeten die Zähringer in der zweiten Hälfte des 12. Jahrhunderts die Städte Freiburg, Bern, Burgdorf, Murten, Thun und Rheinfelden und erhofften sich dadurch, die Walliser Nord-Süd- Verbindung über die Grimsel und den Griespass sowie den Lötschberg (eventuell Gemmi) und den Monte-Moropass zu erschliessen. Nach Angaben des Chronisten Justinger sei Berchtold V. von Zähringen um 1190 mit Heeresmacht über die Grimsel gezogen, um den widerspenstigen Walliser Adel zu besiegen und die Grimsel-Griespass-Route zu sichern. Nach der (allerdings nicht einwandfrei gesicherten) Ueberlieferung soll er auf einem weiteren Zug 1211 im Oberwallis geschlagen worden sein.

Dies dürfte dazu geführt haben, dass sich Berchtold V. in der Folge auf den Gotthardraum konzentrierte. Die Möglichkeit, hier die Herrschaft auszubauen, ergab sich, als 1173 die Reichsvogtei über Uri aus der Lenzburger Erbschaft an die Zähringer fiel. Wie weit sie allerdings an der Erschliessung des Gotthards mitgewirkt hatten, bleibt im Dunkel der Geschichte. Jedenfalls verhinderte ihr Aussterben im Jahre 1218 die Ausbildung eines zähringischen Passstaates am Gotthard.

Eine herrschaftliche Machtkonzentration am Gotthard wurde vor allem durch zwei wesentliche Umstände verunmöglicht:

1. durch die kaiserliche Politik:

Durch die Aufteilung der zähringischen Reichslehen an die Grafen von Habsburg und Kyburg konnte vorerst keines der beiden Adelsgeschlechter nördlich des Gotthards eine Monopolstellung erringen. Zwar befanden sich die Habsburger dadurch, dass der Kaiser ihnen 1218 die Reichsvogtei über Uri verpfändete, in einer etwas besseren Ausgangsposition. Aber bekanntlicherweise nahm Friedrich II. die Reichsvogtei Uri im Jahre 1231 wieder ans Reich zurück (die Urner hatten nachträglich die Ablösungssumme an Habsburg aufzubringen). Obwohl dann die Reichsfreiheit von Schwyz (1240) weder anerkannt

Verkehrswege im Spätmittelalter

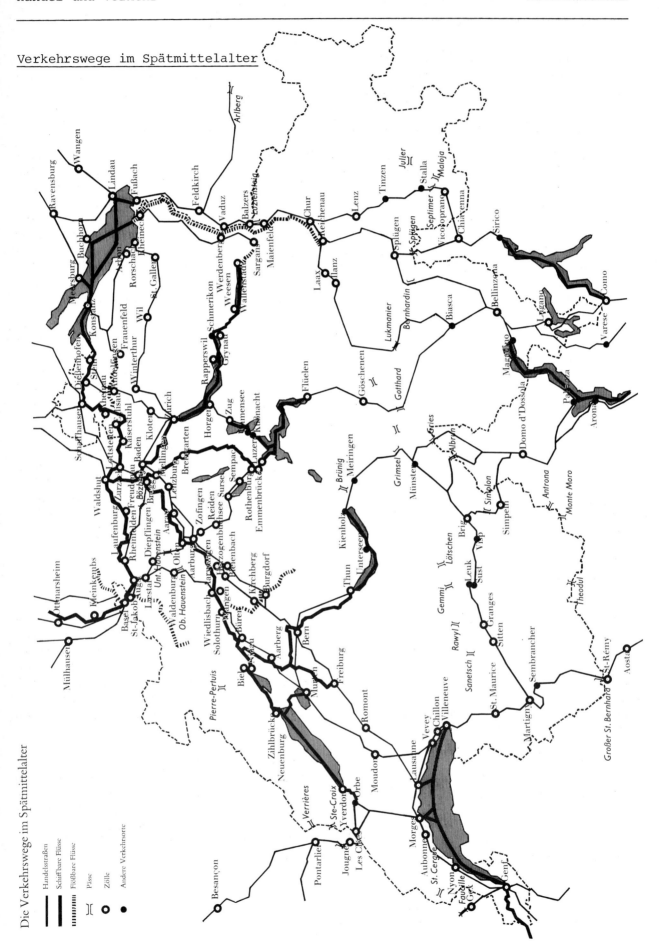

Die Verkehrswege im Spätmittelalter

Handelsstraßen
Schiffbare Flüsse
Flößbare Flüsse
Pässe
Zölle
Andere Verkehrsorte

wurde noch wesentliche machtpolitische Veränderungen brachte, zeigte sich in dieser Entwicklung eben doch, dass die Stellung der Habsburger in diesem Raum noch nicht eindeutig gefestigt war.

2. dank dem Schicksal des Hauses Habsburg in der 2. Hälfte des 13. Jh.:

Die Chance Habsburgs, nördlich des Gotthards eine geschlossene Territorialherrschaft errichten zu können, erhöhte sich, als es dem Grafen Rudolf 1264 gelang, sich das Erbe der Kyburger zu sichern. Da aber auch die Savoyer berechtigte Erbschaftsrechte hatten, gerieten die Habsburger zunächst um den kyburgischen Besitz im Grenzgebiet zur Westschweiz (Aare-Saane-Raum) mit Savoyen in Streit. Ferner absorbierte der Versuch Rudolfs, die Verbindung über den Jura zwischen seinen Herrschaftsgebieten im Elsass und im schweizerischen Mittelland in seine Hand zu bringen (gegen den Bischof von Basel), die habsburgischen Kräfte. Schliesslich liess die Wahl Rudolfs zum deutschen König (1273) den Landesausbau in der Zentralschweiz stocken.

Dass Habsburg aber die Gotthardherrschaft auch nach dem Erwerb der österreichischen Besitzungen nicht aufgegeben hatte, zeigte der Kauf geistlicher Herrschaften in der Zentralschweiz im Jahre 1291 (Stadt Luzern, Güter in Unterwalden, Tal Urseren). Doch stiess nun diese spät einsetzende, intensivierte herrschaftliche Machtentfaltung in den innerschweizerischen Tälern bereits auf politische Gebilde, die an grosse Selbständigkeit gewöhnt waren und sich einer herrschaftlichen Durchdringung widersetzten.

Der Gotthard war die direkteste Verbindung zwischen Nord und Süd. Im 13. Jahrhundert trugen aber einflussreiche Familien (Gruoba, Izzelin) grosse Fehden untereinander aus, die den Verkehr störten. Erst gegen das Ende des 13. Jahrhunderts wurden diese Feindschaften durch das Bündnis der drei Waldstätte beigelegt.

2.2. HANDELSSTRASSEN UND TRANSPORTMITTEL

Der Begriff "Handelsstrassen" könnte leicht falsche Vorstellungen von der Qualität der mittelalterlichen Strassen erwecken. Der Zustand aller Strassen war sehr schlecht. Ein richtiges Steinbett gab es nirgends; selbst die grossen Fernhandelsrouten waren Karrwege. Bei schlechtem Wetter mussten die schlimmsten Stellen umfahren werden oder waren für den Verkehr tagelang unpassierbar. Weil man sich über den Verlauf der Strassen manchmal nicht im klaren war, wurden die Felder der Bauern in Mitleidenschaft gezogen. Immer wieder kam es zu heftigen Auftritten zwischen den Bauern und den Kaufleuten.

Besonders gefählich waren die Strassen im Gebirge. Der Kaufmann musste sich dort meist mit Pfaden begnügen, die durch Viehtritt der Herden entstanden waren. Allerdings bemühte man sich in den Bergen seit dem Beginn des 13.Jahrhunderts sogar mehr darum, die Wege gut zu unterhalten, als im Mittelland, da der Transitverkehr über die Pässe Einnahmen und Verdienst brachte. Die Talgenossenschaften sorgten deshalb für den Unterhalt von Brücken und die Säuberung der Wege vom Schutt der Lawinen und Hochwasser.

Am Ende des 15.Jahrhunderts wurden auch die wichtigsten Handelsstrassen im Mittelland ausgebessert. Bern erliess 1481 und 1482 entsprechende Weisungen und stellte einen Wegmeister an. Aber noch um 1500 wurde festgestellt, viele Strassen seien so schlecht, dass man darauf weder gehen, fahren noch reiten könne.

Um so wichtiger waren auch damals noch Fluss- und Seewege. Selbst auf Gewässern, die heute nicht mehr als befahrbar gelten, wickelte sich ein namhafter Schiffsverkehr ab. Dies blieb bis ins 19.Jahrhundert so. Noch in der zweiten Hälfte des Jahres 1825 legten z.B. in Bern 620 Schiffe an, die 5700 Tonnen Fracht und 6200 Passagiere beförderten.

Der Hauptteil der Transporte ging flussabwärts. Die Bergfahrt erforderte Schiffszieher und baumfreie Ufer mit "Reckwegen". So bestand ein Bergverkehr den Rhein und die Aare hinauf bis nach Bern. Häufig wurden die Schiffe am Ende der Talfahrt verkauft.

Untertitel zu dieser Karte des Johann Stumpf (1547):
"Jnn dieser ersten Tafel findest du/Leser zuosamen gesetzet die Voelcker so mitt den Helvetiern bey diessen zeyten in ewiger Pündtnuss verstrickt seiendt/als die Rethier/Lepontier/Wallisser vnd Rauracher/wie ein jedes Gelende das ander berüret/auffs fleissigest/so vill auff ein einigen Bogen zuo bringen möglich ist/verzeichnet."

Die Karte von Johannes Stumpf von 1547 enthält - den damaligen Verkehrsverhält-
nissen entsprechend - die Fluss- und Seewege, hingegen sind keine Strassen eingezeichnet, sondern nur alle festen Punkte und die Pässe hervorgehoben.

Wenn der Wassertransport nicht in Frage kam, wurden die Waren im Mittelland auf
dem Tier transportiert. Noch auf einer prächtigen, aus der 2. Hälfte des 17.Jh.
stammenden Bilderserie über den Werdegang der St. Galler Leinwand erscheinen
auf dem letzten Bild, das den Versand darstellt, keine Wagen, sondern schön ge-
zäumte Saumtiere (Historisches Museum St. Gallen).

2.3 DIE SICHERHEIT AUF DEN STRASSEN

Reisen war im Mittelalter nicht nur zeitraubend und mühsam, sondern auch gefährlich. Die Sicherheit auf Wasser- und Landwegen war gering. Fehden und Kriege zwangen die Kaufleute dazu, lange Umwege zu machen. Zudem wurde der Handel
auch durch Wegelagerer gefährdet. Besonders der im Spätmittelalter verarmende
Kleinadel bildete eine dauernde Gefahr, weil er sich mit Ueberfällen auf Kauf-
mannszüge seine Existenz zu erhalten suchte.

Es gab zwar ein Netz von Reichsstrassen oder Königsstrassen (regiae viae), auf
denen königliches Recht galt: Vergehen wie Mord und Totschlag oder Strassenraub
wurden von einem königlichen Richter nach strengen Gesetzen abgeurteilt. Doch
das Reich war im Hoch- und Spätmittelalter zu schwach, dieser handelssichernden
Ueberwachung genügend nachzukommen.

Wirksamer schützten die Städte den Handel aus eigenem Interesse. Sie gaben den
Kaufleuten gegen Bezahlung einer Gebühr Geleitschutz durch ihr Gebiet und später Geleitbriefe mit Schutz- und Haftpflichtgarantien. Zudem schlossen die
Städte und die Talschaften Bündnisse untereinander ab, die den Landfrieden si-
cherten und die Sicherheit auf den Wegen garantieren sollten.

2.4. DIE ORGANISATION DES WARENVERKEHRS

Im Mittelland

Im Spätmittelalter musste der Kaufmann im Mittelland alle paar Wegstunden ein
Stadttor passieren und für freien Durchzug und Sicherheit Gebühren bezahlen.
Der Händler konnte seine Waren im städtischen Kaufhaus deponieren und dort ver-
kaufen, auch wenn nicht Markttag war. Für die Benützung musste er aber weitere
Abgaben (Waagezoll, Kaufhausgebühr, Umladegebühr) an die Stadt leisten.

Im Mittelland wurden die Güter so weit als möglich auf dem Wasserweg transportiert. Wo das nicht möglich war, übernahmen organisierte Fuhrhalter mit Pferd
und Karren die Waren. Dass die Händler eigene Pferde benutzten, war eher die
Ausnahme.

Ueber die Alpenpässe

Warentransporte mit Hilfe von Säumerorganisationen bildeten die typische Verkehrsform des Alpengebietes. Die einzelnen Transportorganisationen trugen meist die Bezeichnung "theil". Dies weist darauf hin, dass die Saumgenossenschaften nicht den ganzen Alpenübergang, sondern nur einen ganz genau bestimmten Teil eines Passweges bedienten. Die Säumer führten die Waren von einer Sust zur andern, wo sie der nächsten Teilgenossenschaft übergeben wurden. Für den Rückweg versuchten sich die Säumer dort auch eine Gegenlast zu sichern. Die Säumer im Urserental beispielsweise transportierten die Waren nur von der Sust in Göschenen zur Sust auf dem Gotthard-Hospiz und zurück. An den Endstationen übergaben sie die Waren den Urnern oder Livinern zum Weitertransport.

Zum Saum war jeder Talmann zugelassen, der mindestens ein Pferd besass und einen Beitrag an die Saumgenossenschaft bezahlen konnte. Eine wichtige Person innerhalb der Säumerorganisation war der Teiler. Er empfing die Säumer und die Kaufleute in den Susten und hatte für die genaue Einhaltung der Reihenfolge unter den Säumern zu sorgen. Wurde ein Kaufmannszug überfallen und ausgeplündert, so entschädigte die Säumergenossenschaft die Kaufleute. Für fahrlässig verursachte Transportschäden haftete der Säumer.

Neben dem Teilsaum gab es den Eilgutbetrieb, die "strackfuhr". Dafür mussten die Kaufleute eine zusätzliche Abgabe, die sogenannte "fürleite", bezahlen. Das Eilgut wurde auch nachts und an Feiertagen transportiert. Weil das ständige Umladen bei den einzelnen Susten wegfiel, wurden die Waren wohl auch weniger beschädigt.

Wieviel Zeit benötigte man zur Ueberquerung der Alpen ?

Ein Benediktiner Abt erwähnt 1236, dass er für die Strecke Bellinzona-Gotthard-Luzern drei Tage gebraucht habe. Um 1438 legte ein Basler Ritter die Strecke Mailand-Flüelen in fünf Tagen zurück. Für Warentransporte musste man sicher einige Tage dazu rechnen.

Der Unterhalt der Wege und Brücken erforderte einen grossen Aufwand der Talleute. Häufig mussten fremde Handwerker wie Maurer, Steinbrecher, Zimmerleute und Schmiede herangezogen werden. Die Auslagen bestritt man aus den erhobenen Weg- und Brückenzöllen.

2.5 DER HANDEL SCHAFFT NEUE ORGANISATIONEN IM ALPENRAUM: TALGENOSSENSCHAFTEN

Zur Bewältigung des alpinen Transportwesens bildeten sich in den Passgemeinden die schon erwähnten Säumergenossenschaften. Ihnen oblag die geordnete Verteilung der Ladungen auf die Genossenschaftsmitglieder und die Verpflichtung zu regelmässigen Fuhren. Vor allem suchten diese Genossenschaften das Transportmonopol auf dem Gemeindegrund zu wahren, was natürlich mit den Interessen der Händler kollidierte, die einen möglichst speditiven Direkttransport (Strackfuhr) wünschten. Die oft hart geführten Auseinandersetzungen führten im Fall des Gotthards schliesslich zu verschiedenen Verträgen, die die gegenseitigen Durchfahrtsrechte festlegten.

Wie im Saumwesen hatte der genossenschaftliche Gedanke in der alpinen Wirtschaft auch sonst seinen Platz. Gemeinsame Absprachen und Zusammenarbeit - nicht nur zwischen Individuen, sondern auch zwischen den verschiedenen Gemeinwesen innerhalb eines Wirtschaftsraumes - waren unbedingt notwendig. Ohne gemeinsames Handeln waren Viehzucht, Alpwirtschaft, Bewässerungsarbeiten, Lawinenverbauungen und der gemeinsam bestrittene Export gar nicht zu bewältigen.

Die alpinen Genossenschaften erschienen also zunächst durchwegs als wirtschaftliche Organisationen, die sich dann in unterschiedlichem Masse auch politisch artikulierten. Da die Herrengeschlechter in den abgelegenen Tälern auf die Mitwirkung der Bevölkerung angewiesen waren, verliehen sie ihnen Privilegien, Abgabebefreiungen und eine gewisse Autonomie im Rahmen des Herrschaftsverbandes.

Inwiefern hier nun ein Zusammenhang mit den im 13. Jahrhundert bestehenden innerschweizerischen Talgenossenschaften bestand, lässt sich bei der ungünstigen Quellenlage nicht mehr feststellen. Jedenfalls zeigte sich im Gotthardraum bereits gegen Ende des 12. Jahrhunderts vereinzelt die Talgemeinde als handelnde Instanz (z.B. bei der Regelung von Alpstreitigkeiten). Unklar bleibt aber, wie weit der Einfluss der kommunalen Bewegung in Oberitalien wirkte, wo sich nicht nur in den Städten, sondern auch auf dem Land Gemeindegenossenschaften herausgebildet hatten.

Man darf sich allerdings diese Talgenossenschaften und alpinen Gemeinden nicht als demokratische Gebilde im modernen Sinn vorstellen. Es waren einige wenige eingesessene und mächtige, z.T. auf die zähringische Zeit zurückgehende Ministerialen- und Bauernfamilien, welche die Geschicke der Gemeinschaft bestimmten (eine Art "Bauernaristokratie").

Siegel des Tales Ursern

2.6. ARBEITSMOEGLICHKEITEN ZU KAPITEL 2: VERKEHRSVERHAELTNISSE

Uebersicht

wie?	was?	Schülermaterial	Lehrerinformation
erzählen, lesen	Rahmengeschichte des Kaufmanns Benedicht		S. 28-30
interviewen	Schüler als Reporter interviewen den Lehrer als Sustmeister		S. 42
anfärben	Kolorieren einer mittelalterlichen Karte	A 6	S. 45
in eine Karte einzeichnen	Schweizerische Handelsrouten	A 7	S. 45/46
mit Bildern arbeiten	Wege/Strassen und Transportmittel im Mittelalter	A 8-10	S. 47/48
Texte lesen und bearbeiten/Bilder auswerten	Reiseberichte aus dem Spätmittelalter/Bilder zum Reisen	A 11-15	S. 48/49
eine Textquelle in eine Tabelle umsetzen	Transportkosten über die Alpen	A 16	S. 49
Begriffe klären	Erstellen eines Lexikons über Begriffe des mittelalterlichen Handels	A 17	S. 50
mit Bildern arbeiten	mit Hilfe der Bilder einen Reisebericht schreiben	A 18/19	S. 51

Arbeitshinweise zu A 6/7

Die Karte auf A 6 ist ein Ausschnitt aus der Schweizerkarte des Johannes Stumpf von 1547 (leicht vereinfacht). Es geht darum, dass sich der Schüler mit Hilfe der beiden Karten auf A 6 und A 7

- einerseits etwas mit dem geographischen Bild, das frühere Zeiten hatten, vetraut macht (A 6)

- andererseits die Alpenübergänge im Raum der heutigen Schweiz kennenlernt.

Arbeitsmöglichkeiten zu A 6:

1. Zeichne die Himmelsrichtungen ein, nach denen diese Karte des Johannes Stumpf (1547) ausgerichtet ist.

2. Untersuche die angegebenen geographischen Namen und Bezeichnungen. Schreibe auf, welche Du nicht verstehst.

3. Welche Passübergänge sind auf der Karte eingetragen? Notiere sie.

Die Schüler können die Karte auch kolorieren. Viele Karten wurden früher in Kolorierwerkstätten serienweise koloriert. Das Farbpulver wurde meist mit Eiweiss und Wasser angerührt. Die Koloristen schnitten für jede Farbe eine Schablone, mit der sie die Karte recht schematisch anfärben konnten.

Eine Karte war ein wertvolles Handwerksstück. Für Ortschaften und Verzierungen verwendete man häufig Gold. Für die Flächen brauchte man transparentere, für Figuren etwas intensivere Farben. Wenn die Farbe zum Perlen neigte, mischte man etwas Ochsengalle ins Farbwasser.

Arbeitsmöglichkeiten zu A 7

1. Zeichne die Dir bekannten Passübergänge mit Kreisen in die Karte ein. Numeriere die Kreise (z.B. ①) und setze eine Legende unter die Karte.

2. Suche die Dir noch unbekannten Passübergänge auf A 7 anhand einer Schweizerkarte heraus und zeichne sie ebenfalls ein.

3. Bei allen Passübergängen sind die Zugänge ähnlich. Findest Du heraus, welche Bedingungen solche Zugänge erfüllen mussten (und müssen)?

4. Welche Orte profitierten wohl als Zollstationen vom Verkehr über die Alpen? Erstelle eine Liste.

5. Welches ist die kürzeste Verbindung von Basel nach Mailand?

6. Bei welchen Routen muss nur ein Pass überquert werden?

7. Färbe die Karte sinnvoll aus (z.B. Berge: braun, Täler/Mittelland: grün, Seen/Flüsse: blau).

Lösungen zu A 7

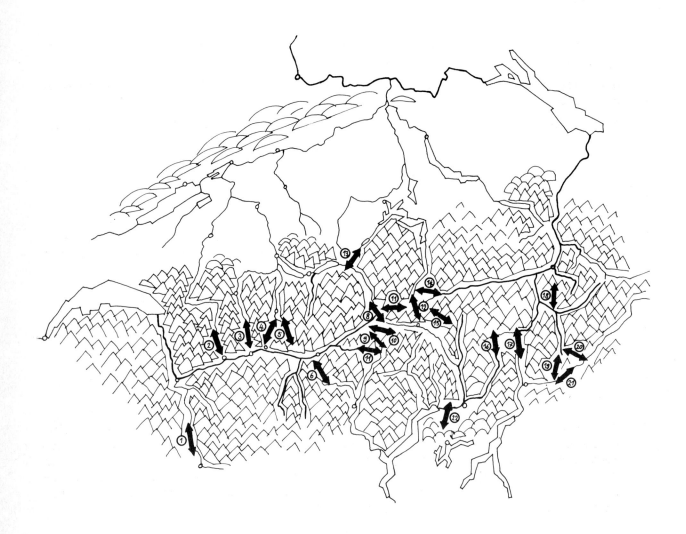

Legende:

1 Gr. St. Bernhard   9 Griespass   16 San Bernardino
2 Sanetsch   10 Nufenen   17 Splügen
3 Rawil   11 Furka   18 Lenzerheide
4 Gemmi   12 Gotthard   19 Septimer
5 Lötschberg   13 Brünig   20 Julier
6 Simplon   14 Oberalp   21 Maloja
7 Albrun   15 Lukmanier   22 Monte Ceneri
8 Grimsel

Arbeitshinweise zu A 8 - 10

Die Schüler erfahren hier anhand von Bildern etwas über die Wege, Strassen und Transportmittel im Spätmittelalter. Die Bilder ergänzen auch die Rahmenerzählung (s. S. 28-30).

Arbeitsmöglichkeiten zu A 8-10

Die Bilder sollen vor allem die Einfachheit der mittelalterlichen Transportmittel veranschaulichen. Die Schüler können folgende Aufgaben lösen:

1. die Bilder mit einem Titel und einer erklärenden Bildlegende versehen oder die Bilder beschreiben;

2. überlegen, welche Transportmittel auf dem Weg von Luzern nach Mailand zum Einsatz kommen mussten.

Bilderläuterungen zu A 8-10

1   Fahrweg am oberen Hauenstein. Die meisten Wege ("Strassen") waren Karrwege ohne Schotterbett (auch im Mittelland). Die häufigste Fortbewegungsart war das Marschieren.

2   Vor den Stadttoren Zürichs.

3   Ein genügsames Fortbewegungs- und Transportmittel war der Esel. Wer es sich leisten konnte, benützte ein Packpferd.

4   In flacheren Gegenden konnten auch zweirädrige Karren zum Einsatz kommen. Seltener waren die plumperen vierrädrigen Wagen.

5   In der Weltchronik des Rudolf von Ems, die im frühen 14. Jahrhundert illustriert wurde, zieht Jakob mit den Seinen mit einem einachsigen Wagen nach Aegypten. Das Bild vermittelt eine Vorstellung von den Reisegewohnheiten im Mittelalter: Die Herren ritten, während die Damen im mehr oder weniger geräumigen zweirädrigen Wagen Platz nahmen. Das Gefährt wird hier von einem Pferd gezogen, das bereits über einen Kumt verfügt.

6   Gegend von Uttigen mit Blick auf das Aaretal und die Alpenkette. Da noch keine Gewässerkorrektionen vorgenommen worden waren, mäandrierten die Flüsse auf breitem Raum. Entsprechend waren die Flussgeschwindigkeit langsamer und die Wassertiefe geringer.

7   Fähren, wie etwa diejenige bei Windisch, ersetzten mancherorts die meist viel später erbauten Brücken.

8   Linth bei Schänis. Das vollbeladene Boot wird hier wahrscheinlich flussaufwärts gezogen (sogenanntes "Treideln").

9   Kaufleute zu Schiff vor Rheinfelden, die ihre Waren umladen.

10 Das Schloss Ringgenberg am Brienzersee mit zwei Schiffen im Vordergrund um
    1790. Für den Verkehr auf den Seen benutzte man je nach Bedarf und entspre-
    chend der zu transportierenden Lasten kleine Ruderboote oder grössere Bar-
    ken. Ruderbarken, die vornehmlich dem Personentransport dienten, verfügten
    in späteren Zeiten bisweilen über Sonnensegel oder gepolsterte Bänke.

11 Noch bis spät ins 19. Jahrhundert hinein benutzte man auf Passstrassen und
    für Reisen in die Berge das Pferd, sofern man nicht ohnehin zu Fuss ging.

12 Der alte Weg in der Schöllenenschlucht mit einem Säumerzug.

13 Das Bild vermittelt einen Eindruck von einer Passreise im Winter. Mit
    Schaufeln und Hacken musste der Weg erst von Schnee und Eis geräumt werden.
    Die Fracht wurde häufig auf Schlitten transportiert.

Arbeitshinweise zu A 11 - A 15

Die Schüler erfahren hier etwas über die Dauer einer Alpenüberquerung, über die
Strapazen und Gefahren einer solchen Reise, über die Art des Transportes und
das Saumwesen der einheimischen Talbewohner. Die Texte ergänzen auch die Rahmenerzählung (s. S. 28-30).

Der Kardinal Franz Piccolomini war 1471 in politischer Mission in Deutschland.
Die Hinreise aus Italien machte er über den Brenner, die Rückreise durch die
Schweiz über den Gotthard. Sein Sekretär Agostino Patrizzi verfasste über die
Reise eine ausführliche lateinische Beschreibung (herausgegeben von Hans Kramer
in: Festschrift zum 200-jährigen Jubiläum des Haus-, Hof- und Staatsarchivs in
Wien, 1949. Der die Schweiz betreffende Teil ist übersetzt und eingeleitet von
Otto Stolz, in: Geschichtsfreund Nr. 105, 1952, S. 282 ff.).

Unsere Gotthardreisenden von 1471 legten, sofern der Chronist nicht mindestens
einen Tag unterschlagen hat, den Weg von Luzern nach Como in fünf strapaziösen
Tagen zurück.

Ihr Marschplan:

1. Tag: Luzern - Flüelen
2. Tag: Flüelen - Hospental
3. Tag: Abwarten
4. Tag: Hospental - Airolo
5. Tag: Airolo - Como (scheint unglaubwürdig)

Wer in der Stunde 5 km zurücklegt, kann bei zwölfstündiger reiner Marschzeit am
Tag 60 km hinter sich bringen. Beladene Pferdefuhrwerke dürften pro Tag vielleicht die Hälfte geschafft haben.

Der ganzjährig begangene Gotthard ist in der zweiten Hälfte des 15. Jahrhunderts, mindestens im Winter, für Reisende nur unter grössten Strapazen, mit
Hilfe eines Grossaufgebotes einheimischer Helfer und unter Lebensgefahr zu
überqueren (nach F. Wey, Alte Texte).

Mögliche Fragen an die Schüler:

1. Halte die täglichen Reiseetappen fest und miss auf einer modernen Karte die
    zurückgelegte Strecke nach. Schreibe die Resultate in Tabellenform auf, et-
    wa so:

Tag	Reiseetappe	zurückgelegte Strecke in km
1. Tag	Luzern -	

2. Welche Gefahren drohen den Reisenden?

3. Wie gelangen die Reisenden über den Gotthardpass? Wie finden sie den Weg?
    Beschreibe die Reiseart.

A 14/15 zeigen den Schülern, dass nicht nur Naturgewalten, sondern auch Wegelagerer und Diebe den Reisenden gefährdeten.

Arbeitsmöglichkeiten zu A 16

1. Untersuche mit einer Karte, welche Transportmittel Hans Her benützen muss.
    Schreibe sie auf.

2. Erstelle eine Liste der Arten von Reisekosten, die die Ware für den Verkauf
    verteuern.

Löhne	Zölle	Lagergebühren	Besonderes
Schifferlohn über den Bodensee usw.	Zoll in Lindau	"Gredgeld" in Lindau	Ballenteilergeld in Fussach

Lösungen zu A 17

Kleines Lexikon zu Begriffen des mittelalterlichen Handels

(Ballen-) Teiler:	Wichtigste Person in der Sust. Er teilte den Säumern die Lasten für den Weitertransport zu und sorgte für die genaue Einhaltung der Reihenfolge unter den Säumern.
Fürleite:	Eine Abgabe an die Sust, wenn der Kaufmann die Alpen im Eiltempo überqueren wollte, ohne bei den einzelnen Susten umzuladen.
Gredgeld:	Eine Lagergebühr für die Aufbewahrung der Kaufmannsladung in der Sust.
Hospiz:	(Von lat. hospitium: Gastfreundschaft). Von Mönchen in abgelegenen Gegenden errichtete Unterkunftsstätte zur Aufnahme von Pilgern und Reisenden.
Nauen:	(ital. nave: Schiff) Schiff, Kahn mit Ruder und Segel zur Beförderung von Waren und Personen auf den Seen.
Reckweg:	Wege entlang schiffbarer Flüsse, auf denen man Flosse und Schiffe bergwärts ziehen konnte.
Säumer:	Ansässiger Talbewohner und Mitglied einer Säumergenossenschaft, der Transportdienste machte. Er musste mindestens ein Pferd oder Maultier besitzen und einen Beitrag an die Säumergenossenschaft bezahlen können. Kein Säumer durfte auf eigene Faust Waren transportieren.
Saumtier:	Pferd, Maultier. Es trug etwa eine Last bis gegen 100 kg.
Strackfuhr:	Eilgutbetrieb. Dafür musste der Kaufmann eine zusätzliche Abgabe, die sogenannte "Fürleite" bezahlen. Dafür wurden Strackfuhren aber auch nachts und an Feiertagen transportiert. Weil das Umladen bei den einzelnen Susten wegfiel, wurden die Waren wohl auch weniger beschädigt.
Sust:	(ital. sosta: Rast) Lagerhaus, Umladeplatz, wo die Waren von den Säumergenossenschaften übernommen wurden. Die Säumer transportierten die Waren von einer Sust zur andern. Zum Beispiel transportierten die Ursener Säumer Waren nur von der Sust in Göschenen zur Sust auf dem Gotthard-Hospiz. Den Weitertransport besorgten andere Säumergenossenschaften.
Treideln:	Bergwärtsziehen von Schiffen und Flössen.
Zunft zu Kaufleuten:	Genossenschaftlicher Verband von Kaufleuten in einer Stadt. Die Zunft führte auch ein Zunfthaus mit einer Zunftstube, wo sich Kaufleute trafen und bewirtet wurden. Zumeist übte die Zunft auch einen gewissen politischen Einfluss aus.

Repetitionsaufgabe mit den Bildern auf A 18/19

Der Lehrer hat das Bild des Händlers Benedicht anhand von Erzählungen, Bildern und Quellentexten dargestellt. Die Schüler kennen:

- Handelswege
- Pässe
- Waren und ihre Herkunft
- Bedeutung der Städte als Märkte
- Marktordungen
- Zollwesen
- Transportarten und Saumwesen
- Gefahren und Naturereignisse
- Benedicht als Händler

Der Schüler entwirft nun selbständig einen Text zum Thema "Wie Benedicht von Basel nach Mailand reist": das Erfinden und Schildern von möglichen Situationen, die ein solcher Händler unterwegs erlebt hat.

Die Bilder auf A 16-18 können dem Schüler dabei Anhaltspunkte liefern und Stationen markieren. Natürlich können die Bilder auch bereits beim ersten Erarbeiten einer solchen Reise von Basel nach Mailand zur Veranschaulichung eingesetzt werden.

Entwurf zu einem Scheibenriss von H. J. Dünz (1630).

3. DER GOTTHARD: VOM SAUMPFAD ZUR ALPENTRANSVERSALE

3.1 UEBERSICHT UEBER DIE HISTORISCHE ENTWICKLUNG DES GOTTHARDVERKEHRS

um 1230
: Die ersten Zeugnisse vom Gotthardverkehr setzen nach 1230 ein. Der Gotthardpass selbst wurde aber sicher schon Jahrhunderte vorher begangen, wurde doch bereits im 9. Jahrhundert auf der Passhöhe eine kleine Kapelle errichtet. Bis ins 13. Jahrhundert unbezwingbar blieb aber die Schöllenenschlucht. Erst die Errichtung des "stiebenden Steges" (Twärrenbrücke) und der "Teufelsbrücke" über die Reuss nach 1200 eröffnete eine direkte Passverbindung von Basel nach Mailand.

um 1300
: Der Saumpfad über den Gotthard wurde bereits rege benutzt. Für die Bewältigung des Warenverkehrs und den Unterhalt des Pfades sorgten Säumergenossenschaften. Sie betrieben eigene Susten, wo die Reisenden Verpflegung und Unterkunft fanden. Auf dem Gotthardpass selbst stand ein von Geistlichen betriebenes Hospiz.

im 14. Jh.
: Zum Teil wurde der Güterverkehr gestört durch lokale kriegerische Auseinandersetzungen (Habsburg, Herzöge von Mailand, Eidgenossen selbst). Zudem gab es seit Ende des Jahrhunderts leichter passierbare Alpenübergänge (Septimer).

15./16. Jh.
: Ausbau des urnerischen Einflusses beidseits des Gotthards:

   - 1410 Aneignung des Urserentales
   - 1439 endgültige Eroberung der Leventina.

   Die Mailänderfeldzüge brachten schliesslich den ganzen Tessin in eidgenössische Hände.

1708
: Pietro Moretini sprengte das "Urnerloch", einen 64 Meter langen Tunnel durch den Kilchberg in der Schöllenenschlucht, wodurch der stiebende Steg um den Kilchberg herum überflüssig wurde.

1820-1830
: Ausbau der Gotthardstrasse. Die neue Fahrstrasse war das Gemeinschaftswerk der am Gotthard interessierten Kantone Basel, Solothurn, Luzern, Uri und Tessin. Die Strasse war ein technisches Meisterwerk, insbesondere in der Schöllenen (neue Teufelsbrücke) und Tremola (Kehren). Damit wurde von Flüelen an auch ein Postkutschendienst möglich. Die Gotthardpost fuhr fünfspännig. An den Stationen wurden in der Regel die Pferde gewechselt.

ab 1838
: Dampfschiffahrt auf dem Vierwaldstättersee, die einen verbesserten Anschluss an die Bergstrecke brachte.

1863/64	Die 12 km lange Axenstrasse zwischen Flüelen und Brunnen wurde in nur 2 Jahren erbaut, wodurch die Gotthardstrecke durchgehend befahren werden konnte.
1872-1882	Bau des 15 km langen Gotthard-Eisenbahntunnels unter der Bauleitung von Louis Favre (gestorben 1879). Die Eröffnung der Gotthardbahn steigerte die Bedeutung des Passes entscheidend. Heute befahren 300-400 Züge täglich den Gotthardtunnel.
ab 1922	Postautoverkehr über die Passstrasse, die während rund 150 Tagen im Jahr offen ist.
1980	Eröffnung des 16 km langen Strassentunnels am Gotthard, der dadurch zur kürzesten Nord-Süd-Verbindung im europäischen Strassennetz wurde. Jährlich wird er von 3 Millionen Fahrzeugen benutzt.
Zukunft?	- Zweite Tunnelröhre für den Automobilverkehr? - Gotthard-Basis-Tunnel für die Eisenbahn (Erstfeld-Biasca)?

3.2. DIE BEDEUTUNG DES GOTTHARDPASSES FUER DIE ANWOHNER

Schon in seinen bescheidenen Anfängen brachte der Gotthardverkehr den Talleuten Einnahmen im Sustgeschäft (als Teilhaber an der Säumergenossenschaft, Säumer, Sustleiter, Knecht, Wegmeister). Die Verdienstmöglichkeiten bewirkten vor allem eine Entwicklung der Haupttalsiedlungen (Flüelen, Altdorf, Amsteg, Erstfeld, Wassen, Göschenen). Vermutlich stehen Walserbewegungen und die Uebersiedlung kleinburgundischer Adliger ins Reusstal am Beginn des aufkommenden Gotthardverkehrs.

Der Gotthardverkehr ermöglichte dem Tal Uri die Erschliessung von Märkten auf dem Landweg. Dies war zum Beispiel für den Viehhandel ein entscheidender Vorteil. Aus dieser Situation heraus erklärt sich auch die konsequente Südpolitik Uris (und der andern Innerschweizer Orte).

Der Einsatz von täglich bis zu 1000 Saumtieren auf der Passstrasse (um 1800) zeigt deutlich, wie stark die Urner von dieser Einnahmequelle bis an die Schwelle des industriellen Zeitalters abhingen.

Mit dem Betrieb der Fahrstrasse verschwanden allmählich die Saumtierkolonnen. Die Säumer fanden jedoch noch weiterhin Verdienst, weil die Fuhrwerke gegenüber dem Flachland zusätzliche Zugtiere benötigten, um über den Pass zu kommen. Eine Passfahrt war für den Reisenden in der damaligen Zeit bereits kein Problem mehr, aber ganz ungefährlich war sie nicht.

Mit Eröffnung der Eisenbahnlinie durch den Gotthard (1882) mussten sich die Säumer nach einem andern Verdienst umsehen:

- Abwanderung in die Städte und Industrieorte im Flachland oder ins Ausland.

- Anstellung bei der Eisenbahn (Schneeräumung, Lawinenverbauungen, Unterhaltsdienst u.a.).

- Verdienst im aufkommenden Tourismus (Hotelfach).

Allein in Göschenen benötigte man für den Bahnbetrieb im Gotthardtunnel:

1 Bahnwärter, 2 Weichenwärter, 4 Portalwärter, 8 Tunnelwärter, 4 Vorarbeiter, 12 ständige Bahnarbeiter, total 31 Arbeitskräfte.

Dennoch genügte die Bahn als Arbeitgeber nicht. Zahlreiche Einwohner mussten ihr Tal verlassen, um Arbeit zu finden. Der auf Transit ausgerichtete Bahnverkehr brachte vorerst nur wenige Touristen in die Region. Erst das Aufkommen des Automobils vermehrte die Besucher in den abgelegenen Tälern. Allerdings wirkten die beiden Weltkriege in dieser Beziehung noch als Bremse. Erst nach 1950 nahm der Verkehr auf den Strassen zu, und die Ortschaften wurden systematisch zu Erholungs- und Sportgebieten mit moderner Infrastruktur ausgebaut (z.B. Andermatt).

Die Aussicht auf eine rasche Verbindung durch die Autobahn erhöhte die Bedeutung des touristischen Sektors südlich und nördlich des Gotthards. Folge davon war eine erhöhte Nachfrage nach Immobilien, die die Preise derart in die Höhe trieb, dass der Boden für die einheimische Bevölkerung kaum noch erschwinglich war.

Der Tourismus brachte zwar Geld in die Region, aber auch Umweltprobleme:

- Eisenbahn und Autobahn zerschnitten das Tal und beanspruchten bestes Kulturland im Talboden.

- Ganze Hänge wurden durch künstliche Lawinenverbauungen entstellt.

- Die Elektrifizierung der Eisenbahn (ab 1921) hatte auch Kraftwerkbauten im Gotthardgebiet zur Folge (Ritomsee 1914, Amsteg 1924).

- Der zunehmende Automobilverkehr nach 1950 brachte den Talbewohnern unerträgliche Immissionsprobleme (Durchgangsverkehr in stockenden Kolonnen in den Dörfern). Durch den Bau der N 2 ist zwar der Lärm in den Dörfern zurückgegangen, die übrigen Immissionen bleiben aber bestehen.

3.3. EINIGE ZAHLEN

Reisezeiten von Luzern nach Bellinzona

Saumpfad um 1500	4 Tage
Dampfschiff/Gotthard-Postkutsche 1850	18 Stunden
Dampf-Eisenbahn 1885	5 Stunden 45 Minuten
Eisenbahn 1985	2 Stunden 20 Minuten
Autobahn	1 Stunde 30 Minuten

Gütermengen am Gotthard im Spätmittelalter

Die winterlichen Verhältnisse bildeten erstaunlicherweise kein Hindernis für den Verkehr. Nach neueren Forschungen passierten um 1500 im Jahresdurchschnitt 170 Tonnen Güter die Nord-Süd-Achse am Gotthard.

Der Gotthardtransit (1494-1496)

	Anzahl Saum (1 Saum = 4 Zentner)		Anzahl Transporte	
	94/95	95/96	94/95	95/96
August	108	34	5	2
September	163	40,5	4	2
Oktober	46,5	2	3	1
November	57	115	2	7
Dezember	6	84	1	5
Januar	128	43,5	6	2
Februar	111,5	192	4	7
März	99	87	3	5
April	33	36	3	1
Mai	59	175,5	3	7
Juni	153	80	5	3
Juli	14	35	2	1
Total	978	924,5	41	43

Die Angaben über die transportierten Waren sind relativ spärlich, weil die Zöllner die Güterart nur erwähnten, wenn sie eine andere Tarifierung verlangten als das viele Güter umfassende Zentnergut (1 Saum kostete 4 Schilling). Annähernd vollständig lässt sich die Durchfuhr von Bücklingen (geräuchertem Hering aus dem Norden, 1 Saum kostete 2 Schilling), Wolle (aus England, 1 Saum = 6 Schilling) und Reis (aus der Lombardei, 1 Saum = 2 Schilling) erfassen.

Die Zahl der Kaufleute, die Güter über den Gotthard transportierten, war erstaunlich gering. Berechnungen anhand der in den Zollbüchern aufgeführten Namen ergaben, dass zehn der Spediteure und Kaufleute am jährlichen Gesamttransit mit 82 bis 98% beteiligt waren. Einzelne Kaufleute sind pro Jahr bis zu elf Mal in den Akten registriert - eine grosse Leistung bei den damaligen beschwerlichen Reiseverhältnissen.

Der Gotthardtransit in Luzern (1493-1503)

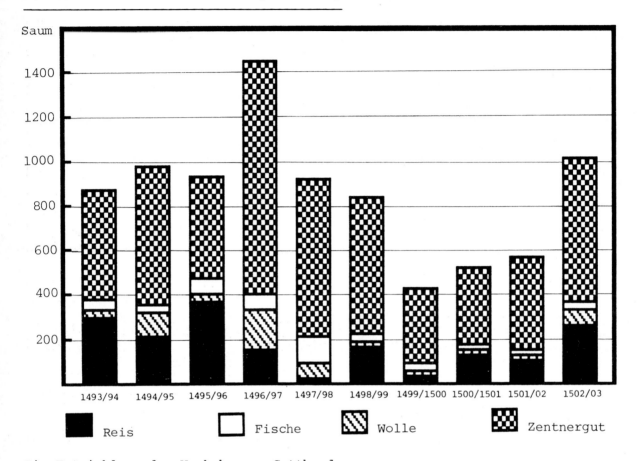

| | Reis | | Fische | | Wolle | | Zentnergut |

Die Entwicklung des Verkehrs am Gotthard

Reiseverkehr und Gütertransit

	Gütertransit Nettotonnagen pro Jahr	Reisende pro Jahr
bis zum 19. Jh. (Saumpfad)	500 - 1'000 t	einige 1'000
1840 (Strasse)	10'000	15'000
1870-80 (Strasse)	40'000	80'000
1883 (Bahn)	300'000	250'000
1908	900'000	750'000
1965	6'000'000	5'000'000
1979	8'000'000	7'000'000

Gütermengen am Gotthard vor und nach Eröffnung des Autobahntunnels

Transportart		1979/80	*	1981	*
Bahn:	Binnen	1'329'000 t	7,9%	1'432'000 t	8,7%
	Import/Export	1'884'000 t	11,2%	1'783'000 t	10,9%
	Transit	7'739'000 t	45,9%	7'489'000 t	45,8%
	Total 1	10'952'000 t	65,0%	10'704'000 t	65,4%
Strasse:	Binnen	84'000 t	0,5%	484'000 t	2,9%
	Import/Export	28'000 t	0,2%	308'000 t	1,9%
	Transit	7'000 t	1,2%	192'000 t	1,2%
	Total 2	119'000 t	0,7%	984'000 t	6,0%
	Total 1 + 2	11'071'000 t		11'688'000 t	
Huckepack:	Kurzstrecken	181'000 t		-	
	Langstrecken	771'000 t		957'000 t	
	Total 3	952'000 t		957'000 t	
	Total 1 - 3	12'023'000 t		12'645'000 t	

Anzahl Fahrzeuge am Gotthard vor und nach der Eröffnung des Autobahntunnels

Jahr	Durchschnittlicher Werktagsverkehr (Lastwagen, Lastenzüge, Sattelzüge)		Total Motorfahrzeugverkehr (sämtliche Motorfahrzeugkategorien)	
	pro Tag	pro Jahr	pro Tag	pro Jahr
1979			3'647	
1980	200*	21'000		741'654
1981	675	170'000	8'575	2'895'528
1984	1127	289'000	10'817	3'688'018

    *   Anteil am gesamten Gütertransport über die Schweizer Alpen
    ** Passstrasse, inkl. Kurzstrecken-Huckepack

3.4. ARBEITSMOEGLICHKEITEN ZU KAPITEL 1: DER GOTTHARD

Uebersicht

wie?	was?	Schülermaterial	Lehrerinformation
alte und neuere Bilder vergleichen	Bedeutung der Verkehrsentwicklung im Reusstal für die Landschaft und Bewohner erkennen	A 20/21	S. 58
mit Bildern und Statistik arbeiten	Bedeutung des Gotthardpasses als Verdienstquelle für die Talbewohner einst und heute	A 22/23	S. 59/60

Arbeitshinweise zu A 20/21

Auf den Bildern sind die Verhältnisse im Reusstal bei Wassen am Anfang des 19. Jahrhunderts und nach dem Bau von Eisenbahn und Autobahn dargestellt. Die Schüler können beschreiben, in welcher Weise sich die Verkehrsverhältnisse verändern (Ausbau der Strasse, Eisenbahn, Autobahn). Aus den modernen Fotographien lässt sich auch die Bedeutung und Problematik der Verkehrsentwicklung für die Landschaft und die Bevölkerung herauslesen (Zerstörung des Landschaftsbildes und von Kulturland, Autoschlangen, Lärm, Abgase, Gefährdung des Bannwaldes an den Steilhängen des Tales durch die Luftverschmutzung und dadurch Gefährdung der Talbewohner und des Verkehrs durch Lawinenniedergänge).

Eine Ueberlegung wert ist auch die Frage, wie man in diesem Tal ohne die Entwicklung des Passverkehrs heute leben würde (vgl. die Abwanderung in den abgelegenen Tessinertälern).

Arbeitshinweise zu A 22/23

Die Bilderfolge veranschaulicht die Bedeutung der Passstrasse für die Talbewohner in früheren Zeiten und heute:

- Die Bilder 1 (Sust von Silenen) und 3 (Gotthard-Hospiz) zeigen mögliche Verdienstquellen in der Sust (Umladeplatz und als Herberge) in früheren Zeiten.

- Die Bilder 2 (Kutsche in Hospental) und 4 (Transport auf dem Schlitten in der Schöllenen) demonstrieren den Transport von Gütern und Personen als Verdienstquelle der Talbewohner in früheren Zeiten. Bild 4 gibt auch einen Hinweis darauf, dass der Unterhalt des Weges (Ausbessern, Schneeräumung) unzähligen Ortsansässigen Arbeit brachte.

- Schliesslich weist Bild 5 (Zollhaus in Dazio-Grande) auf die Zolleinnahmen hin.

- Die Bilder 6-8 sollen veranschaulichen, dass der Transport von Gütern und Personen von Basel nach Chiasso heute per Eisenbahn oder auf der Autobahn zollfrei via Gotthard erfolgen kann, ohne dass ein einziger Urner oder Tessiner mit den Gütern und Personen in Kontakt kommen muss. Damit sei nicht behauptet, dass Urner oder Tessiner im Verkehrssektor keinen Verdienst finden (z.B. im Strassenbau, bei der kantonalen Polizei, beim Strassenunterhaltsdienst, bei den SBB u.a.m.), aber ihre direkte Beteiligung am Verkehrsgeschehen ist nicht mehr unbedingt nötig.

- Die Zahlen über die Reisezeiten sollen zeigen, dass es möglich geworden ist, die ganze Schweiz in nicht einmal einem Tag zu durchqueren, ohne dass irgendwo verpflegt oder gar übernachtet werden muss. Der Verkehr rollt am einheimischen Leben vorbei.

- Das gleiche gilt für die Güter. Die riesigen Mengen an Gütern können die Gotthardroute passieren, ohne dass ein einziger Passanwohner etwas direkt damit zu tun hat.

- Zu überlegen wäre ferner, in welcher Richtung die Entwicklung in der Zukunft fortschreiten wird.

Bilderläuterungen zu A 22/23

1   Sust von Silenen:

Am alten Saumpfad steht die Sust in Silenen, von welcher heute nur noch Mauerreste und der grosse Torbogen zu sehen sind. Sie war ein wichtiger Umladeplatz und wurde 1354 erstmals erwähnt. Im Turm im Bildhintergrund lebten seit 1243 die Edlen von Silenen, die im Auftrag der Fraumünsterabtei Zürich die Abgaben einzogen.

2   Alter Saumpfad und neue Passstrasse in Hospental:

Links führt der Saumpfad nach Göschenen, rechts befindet sich die noch heute dem Verkehr dienende Brücke aus dem Jahre 1830. Die Postkutsche verkehrte auf der Passstrecke von 1830 an.

3   Gotthard Hospiz:

Von links nach rechts erkennt man Pferdestall, Hospizgebäude der Kapuzinermönche mit Kapelle, Sustengebäude. Im Vordergrund das Beinhaus. Im Jahre 1775 zerstörte eine Lawine das Hospiz.

4   Alte und neue Teufelsbrücke:

Die Schlüsselstelle der Gotthardpassroute war die Schöllenen. 1595 wurde die erste Brücke aus Stein gebaut (diese stürzte 1888 ein). 1830 baute man eine zweite, befahrbare Brücke.

5   Zollhaus:

Noch heute steht dieses Zollhaus aus dem 18.Jahrhundert am Eingang der Dazio-Grande-Schlucht. Die Einnahmen flossen nach Uri.

6   Nordportal des Gotthardtunnels in Göschenen:

Der knapp 15 km lange Tunnel wurde 1882 dem Verkehr übergeben. Entscheidend für die Leistungsfähigkeit der Gotthardbahn ist die moderne Streckenführung, die 95 Brücken und 56 Tunnels, insbesondere Kehrtunnels zur Ueberwindung der Talstufen, erforderte. Mit der Bahn erlangte der Gotthard europäische Bedeutung. Ab 1921 wurde die Strecke elektrifiziert. Heute durchqueren täglich 300-400 Züge den Tunnel.

7   Schöllenenstrasse:

Die neueste Schöllenenstrasse wurde 1956 fertiggstellt.

8   Gotthard-Autobahn und Fahrstrasse in der Tremolaschlucht:

1980 wurde der 16 km lange Autotunnel eröffnet. Seither werden laufend weitere Teilstücke der N2 dem Verkehr übergeben. Die Strasse in der Tremola wurde 1820 gebaut und war ein Meisterwerk damaliger Strassenbautechnik. Die Strasse überwand 900 m Höhendifferenz auf 13 km. Seit 1922 fährt ein Postauto über den Gotthard.

Weitere Arbeitsmöglichkeiten

- Landschulwoche im Gotthardgebiet: Themen aus Geographie, Geschichte, Deutsch.

- Besuch des am 1. August 1986 eröffneten "Nationalen St.-Gotthard-Museums" in der alten Sust beim Gotthard-Hospiz:
  - Erdgeschoss: Mönchsgruppe, letzte Gotthardpostkutsche
  - 1. Stockwerk: Reliefs, Grafiken, Karten und zahlreiche Objekte zur Entwicklung des Gotthards vom Saumweg bis zum Strassentunnel/ das 19. Jahrundert/Geologie und Mineralogie
  - Dachstock: Saumverkehr, Militärisches, 20-minütige Multivisionsschau: "Reise durch die Zeit".

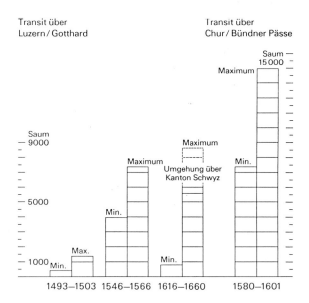

Transit über
Luzern / Gotthard

Transit über
Chur / Bündner Pässe

1 Saum = 3–4 Zentner

Die graphische Darstellung
zeigt deutlich, dass die
Warentransporte über den
Gotthard bis ins 17. Jahrhundert wesentlich beschei-
dener blieb als über Chur
und die Bündner Pässe.

Die "Stadt Luzern" war das
erste Dampfschiff auf dem
Vierwaldstättersee (1836).

Die letzte Gotthard-Post-
kutsche (bis 1922 in Betrieb)

Nach der Eröffnung des Gotthardtunnels fuhr man mit der
Dampflokomotive nach Süden.

WO KOMMEN DIE HANDELSWAREN HER ?

Vom Marktplatz her schlendert der Händler Benedicht Kaufmann dem Zunfthaus "Zu den Kaufleuten" zu. Er hat einen langen, anstrengenden Tag hinter sich. In der Nähe des Münsterplatzes tritt Benedicht in die schwach erhellte Zunftstube. Er ist nicht das erste Mal hier. Deshalb findet er an einem Tisch weitere Kaufleute, die wie er mit Waren unterwegs sind. Man fordert unseren Kaufmann auf, ein Mass Wein mitzutrinken. Benedicht Kaufmann setzt sich in der niederen Stube gerne zu den stattlich gekleideten Männern, die am runden Tisch in einer hitzigen Diskussion stecken.

"Was sagst Du ? In Mailand bekomme man nur noch die Hälfte des Betrages für Tuch aus Flandern und für Wolle aus England ?"

"Ja", bestätigt ein zweiter Kaufmann, "man kauft dort jetzt Baumwolle aus Spanien."

"Zum Glück betrifft mich das nicht", bemerkt ein Dritter, "denn ich kaufe in Venedig nur Gewürze* und bringe sie nach Frankfurt, wo ich für den Rückweg Waffen, Eisen und andere Metallwaren einkaufe."

"Ja, auch ich bleibe hauptsächlich beim Handel mit kostbaren Nahrungsmitteln. Zwar verdiene ich nicht besonders gut, wenn ich Honig oder Farbstoffe aus dem Donaubecken in den Süden verkaufe, dafür finden die Nahrungsmittel aus dem Süden wie Reis, Olivenöl, Feigen oder Kastanien im Norden immer lohnenden Absatz."

"Auch mir geht es so", bestätigt ein älterer Kaufmann, "was ich vom Süden nach Norden bringe, wirft viel höheren Gewinn ab als Waren aus dem Norden."

"Womit handelst Du denn ?" fragt ein Zuhörer.

"Ich handle nur noch mit Luxusgütern; ich kann es mir leisten und habe gute Beziehungen. In Genua oder Venedig kaufe ich Gold, Schmuck, Seide, Samt, Elfenbein, Porzellan oder kostbare Teppiche. Diese Waren transportiere ich in den Norden und verkaufe sie dort. Für den Rückweg erstehe ich häufig Wachs oder Kupfer aus dem Donauraum, was aber nicht besonders lohnend ist."

* Gewürze: Zimt, Safran, Pfeffer, Muskat

A 2

HANDELSWAREN UND IHRE HERKUNFT

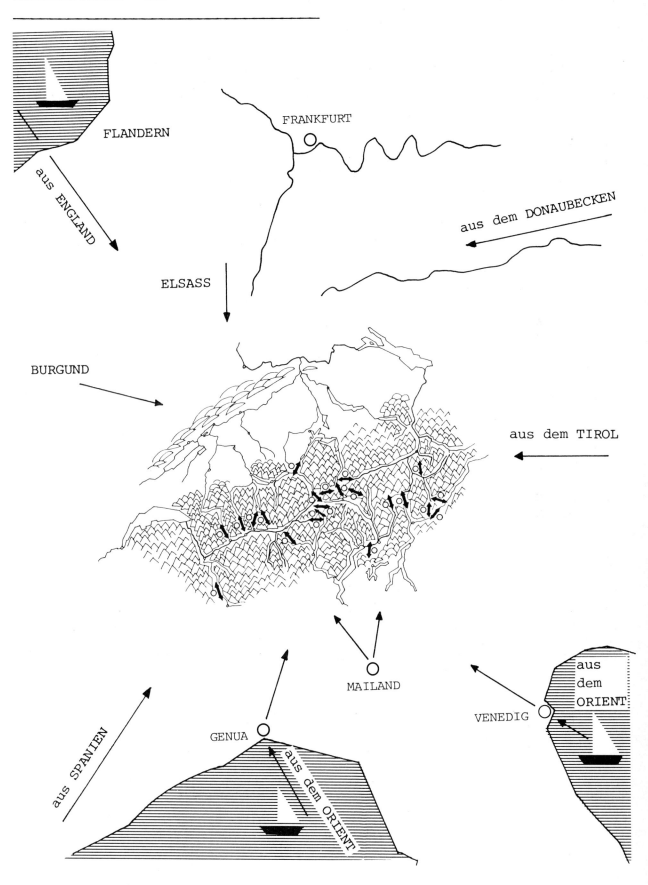

FLANDERN

FRANKFURT

aus ENGLAND

aus dem DONAUBECKEN

ELSASS

BURGUND

aus dem TIROL

aus SPANIEN

MAILAND

VENEDIG

aus dem ORIENT

GENUA

aus dem ORIENT

A 3

MITTELALTERLICHE HANDELSRAEUME UND HANDELSROUTEN

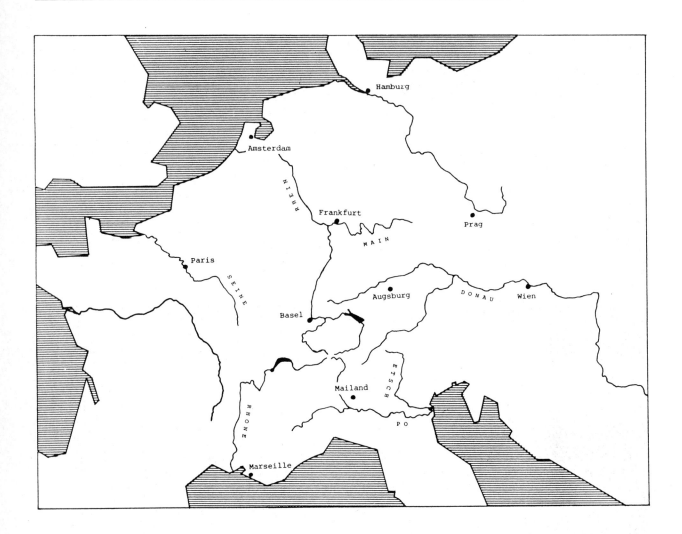

DAS HEUTIGE MITTELEUROPA BEI NACHT - EIN SATELLITENBILD

EIN ZOLLTARIF

Dis zölle sint ufgesetzt zu nemenne: Anno Lx tercio:

Des ersten von ainer lugschiben (lose Scheibe Salz)	1 angster
Von ainem krötlin (kleiner Kratten, Korb Salz)	2 angster
Von ainem bütschin (Block Salz)	4 angster
Von ainem stübche (Packfass, Tonne Salz)	6 angster

...

Von ainem phunt insens (Eisen)	6 angster
Von ainem stuck blech	1 stebler
Von ainem zentner zines	1 stebler
Von ainer Lamparter ballen stahels (aus der Lombardei)	2 angster
Von ainer Kurer ballen stahels	1 angster

...

Von ainem last wagen mit win	5 angster
Von ainem karren mit win mit drin rossen	3 angster
Von ainem karren mit win mit zwain rossen	2 angster
Von ainem zentner wahse (Wachs)	1 angster

...

Von ainem langen tuoch von Löfen, von Prühsel, von Wilfurt, von Mecheln*	8 angster
Von ainem kurtzen von Löfen, von Schalen, von Ache, Lufers*	4 angster
Von ainem tuoch vom Rin	2 angster
Von ainem zentner unschlit, smaltz, smer, swinin flaisch	2 angster
Von ainer tunne hering, die hie verkouft wirt	2 angster
Von ainer tunne, die dur gat	1 angster

...

    *   Die genannten Orte sind:
        Löwen
        Brüssel
        Vilroode
        Mecheln
        Chalon-sur-Saône
        Aachen
        Louviers (Normandie)

Heutiger Wert eines Angsters: ca. 2 Franken.

A 6

EINE MITTELALTERLICHE KARTE

(Karte des Johannes Stumpf von 1547)

ALPENUEBERGAENGE

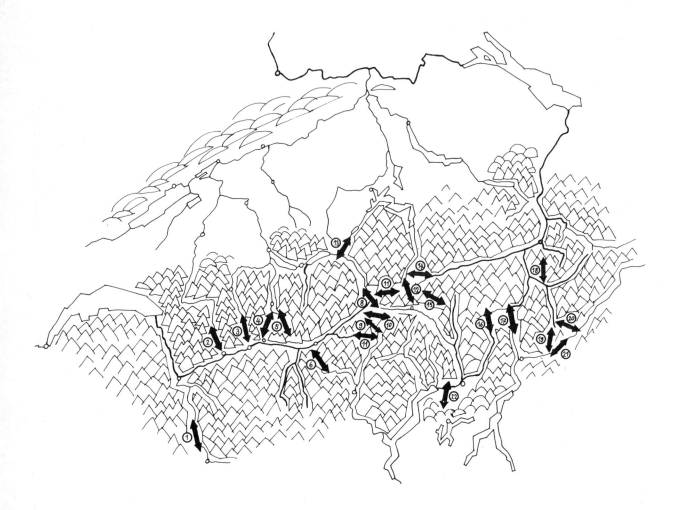

Legende:

1 _____   9 _____   16 _____

2 _____   10 _____   17 _____

3 _____   11 _____   18 _____

4 _____   12 _____   19 _____

5 _____   13 _____   20 _____

6 _____   14 _____   21 _____

7 _____   15 _____   22 _____

8 _____

WEGE, STRASSEN UND TRANSPORTMITTEL

Am unteren Hauenstein

Bei Zürich

Kleinhändler mit Esel

Händler mit Pferdewagen

Adelsgesellschaft auf Reisen

Aaretal bei Uttigen

Fähre bei Windisch

Auf der Linth

Kaufleute zu Schiff
vor Rheinfelden

Schloss Ringgenberg am
Brienzersee

A 10

Pferdezug über die Alpen

Der alte Weg zum Gotthard
in der Schöllenen

Die Schöllenen im Winter

REISEN UEBER DIE ALPEN

Eine winterliche Reise über den Gotthard im Jahre 1471

Luzern ist die letzte Stadt in Deutschland, zu der wir (der Kardinal und sein Gefolge) kamen. Die Luzerner nahmen uns wohlwollend auf und stellten uns für die Fahrt über den See geeignete Schiffe zur Verfügung. Dies dauerte einen ganzen Tag. Der See ist bei 30 Meilen lang und 2 Meilen breit, nur in der Mitte breitet er sich kreuzförmig aus. Er ist sehr tief und hat keine Häfen, ist nach Art eines Flusses bewegt und von hohen und sehr steilen Anhöhen eingeschlossen und daher Schiffen gefährlich. Das Land Uri hat viele Dörfer und Einwohner.

Nach 5 Meilen Reise durch das innere Tal wandten wir uns am 4. Dezember zur Rechten gegen die Alpen, auf deren Höhe die Reuss entspringt. Von da ab war der Weg sehr schwierig, steil, steinig und durch die Flanken der Berge und den Fluss sehr beengt, so dass er kaum einzeln gehenden Pferden Raum gibt. Die Berge glänzten im alten Schnee und alsbald fiel neuer.

Den Fluss mussten wir sehr oft auf sehr hohen und sehr schmalen Brücken überqueren, deren Holz angefault war, so dass, wenn einer abgestürzt wäre, er nicht hätte gerettet werden können. An den Brücken und den vorspringenden Felsen stiegen wir von den Pferden und schritten vorsichtig weiter. Der Wind wurde immer stärker und trieb uns den Schnee ins Gesicht, so dass wir kaum atmen konnten. Selbst die Tiere senkten ihre Köpfe, und der Wind häufte so den Schnee am Wege, dass ihn die Einwohner, welche die Reisenden führten, mit Brechstangen öffnen und stellenweise Bündel von abgeschnittenen Aesten zwischen den Schnee werfen mussten.

In einer 20 Stadien langen, von der Reuss durchflossenen Ebene liegt die Ortschaft Urseren, zu der wir halb erfroren in der Mitte der Nacht kamen, und wir verbrachten diese in Hospental. Die Einwohner nahmen den Legaten freundlich auf und versprachen uns Hilfe zur Ueberschreitung des Berges Gotthard, so benannt nach einer Kapelle dieses Heiligen auf seiner Anhöhe, die bei 5000 Schritte hoch und sehr steil und rauh ist. Der Legat, der den Leuten Gnaden erteilte, fragte sie, ob man am nächsten Tag über den Berg reisen könne. Sie sagten, das Wetter könne man vor der nächsten Morgenröte nicht beurteilen; wenn es im Osten heiter ist, so kann man sicher reisen, wenn aber der Nordwind geht, ist der Uebergang gefährlich.

Da es in der Nacht schneite, traten wir die Weiterreise erst am nächsten Tag, an dem die Luft heiter und ruhig war, in folgender Ordnung an: Zuerst drei Führer, die mit Stangen den Pfad spurten. Wenn nämlich jemand von diesem abgekommen wäre, so wäre er von den sehr tiefen Schneemassen begraben worden. Jenen folgten vier

A 12

Ochsen, die Wagen ohne Räder (also Schlitten) zogen, dann die Reitpferde, von Stallknechten geführt, dann das übrige Gesinde, das auch die Pferde am Zügel führte, denn keiner ritt auf diesen wegen der Gefahr. Der Legat, der Bischof Campanus, und alle weniger kräftigen und empfindlicheren Personen wurden auf jenen Wagen befördert. In langem Zuge kamen wir so auf der Höhe des Berges an, einer Ebene von tausend Schritten mit der Kapelle und zwei kleinen Häusern.

Von hier ist der Abstieg nach Airolo sehr jäh und von zwei Gefahren begleitet, dass man entweder in Schlünde, die vom Schnee bedeckt waren, stürze, oder von den Schneemassen, die oft, in der Höhe noch klein, sich in Bewegung setzten und durch das Wälzen immer grösser wurden, erdrückt würde. Wir sahen solche von ungeheurer Grösse in den Tälern. Durch die Gnade der Himmlischen kamen wir vor Sonnenuntergang in Airolo an, das 5000 Schritt unter dem Berge liegt.

Dieser Pfad ist stellenweise so steil und abschüssig, dass man im Aufstieg kriechen und im Abstieg rutschen muss. Man schaudert, wenn man von der Höhe des Berges jene erblickt, die im untern Tale schreiten. Diese scheinen nicht abzusteigen, sondern in einen Schlund zu stürzen und unterirdischen Häusern zuzustreben.

In Airolo ruhten wir in der Nacht aus, froh, dass wir diesen so gefährlichen Weg heil überwunden hatten, und dass wir wieder Italien erreicht hatten. Denn hier hörten wir zuerst wieder die italienische Sprache. Am nächsten Tag überquerten wir auf Schiffen den See von Bissonum (Luganersee), nicht ohne Gefahr, denn in der Frühe war er ruhig, dann aber sehr stürmisch. Hierauf erreichten wir zu Pferde Como, das von Bergen und von Seen umgeben ist. Diese beiden Seen liegen in Tälern am Fusse der Alpen und sind daher Stürmen ausgesetzt und für Schiffe gefährlich.

Worterklärungen:
der Kardinal:	Kardinal Franz Piccolomini
1 Meile:	ca. 1600 m
1 Stadium:	ca. 200 m
1 Schritt	ca. 80 cm
der Legat:	der Gesandte des Papstes, in diesem Fall der Kardinal
Ortschaft Urseren:	wahrscheinlich Andermatt

Aus der Säumerordnung für den Gotthardverkehr von 1498

1. Es darf jeder Säumer nur Ware von einer Sust zur andern führen.

2. Jeder Säumer muss ein eigenes Ross haben.

3. Kein Säumer darf mit einem blinden oder lahmen Ross führen.

4. Wenn die Säumer die Kaufmannsware "verwarlosety oder nid sorg darzu hettin", müssen sie den Schaden gut machen.

Aus einer andern Säumerordnung

Der Ballenzuteiler soll zwischen armen und wohlhabenden Fuhrleuten keinen Unterschied machen, sondern sich an die vorgeschriebene Reihenfolge halten, damit jeder zum Zug kommt (Feldkirch, 1399).

Transportordnung für eine Säumergenossenschaft, 1363

A 14

GEFAHREN AUF REISEN

Ein Ueberfall

Diesen Abend brach ein Zug von geistlichen Herren und einigen reichen Familien von Solothurn nach Fraubrunnen auf, um dort die Weihnacht würdig zu feiern, den Dienst der Kirche zu versehen und die verwandten Schwestern, Fräuleins aus den vornehmen Geschlechtern, zu besuchen.

Es war eine merkwürdige (romantische, würde man heutzutage sagen) Fahrt: ungefähr drei Dutzend Reiter von allen Arten, mehr als ein halbes Dutzend Fackeln, rabenschwarz die Nacht, soweit die Fackeln den Nebel nicht blutrot färbten, voll weissen Reifes die sonst schwarzen Tannen. So zogen sie durch den langen, wüsten Wald, Hügel ab, Hügel auf. Allen ward es unheimlich, und dicht gedrängt ritten sie.

Im freien Lande schwand das Bangen, und rascher ging es dem sich nahenden Ziele zu.

Plötzlich fährt ein gellender Pfiff durch den Nebel, fährt Mann und Ross durch Mark und Bein, lebendig wird der Nebel, wilde Gestalten zu Fuss und zu Ross werfen sich von allen Seiten über den Zug, werfen die Reitenden von den Rossen, ehe sie sich aus den warmen Gewändern gewickelt, die Waffen blank gemacht oder die Pferde gewendet, das Heil in der Flucht gesucht. Wenigen gelang diese, fast der ganze Zug war zusammengeworfen, ehe man ein Vaterunser hätte beten können; auf die Niedergeworfenen warfen sich die Plünderer, wälzten sich mit den Widerstand Leistenden am Boden, Geschrei und Fluchen, schlagende Pferde und blutrot glimmende Fackeln, welche besonnen die Räuber brennend erhielten, es war ein wildes, greuliches Bild.

Wild schlugen die Reiter, wild bäumten die Pferde sich, Jammergeschrei ringsum von den von wilden Hufen Getretenen, Geschlagenen. Zwei wilde kampfgewohnte Junker hatten ihre Mütter geleitet, wollten ihre Schwestern im Kloster besuchen. Der Anprall hatte sie nicht niedergeworfen, an Flucht dachten sie nicht, ihre Schwerter hatten sie freibekommen, gebrauchten sie mit Macht, und mehr als eine der seltsamen Gestalten, welche aus dem Boden hervorgewachsen, sank heulend zusammen. Schon brachten einige Angreifer in Sicherheit, was sie errafft. Der Kampf war hart, die Junker waren keine Milchbärte, schienen im Feuer gehärtet, waren gut gerüstet, machten den Strauchrittern heisses Blut; heiss rauchte es aus mancher Wunde in die kalte Winternacht hinein, zweifelhaft war das Ende. Die Angreifer hatten einen solchen Widerstand nicht erwartet. Schliesslich hieben sie sich frei und flohen in den Nebel hinein.

(Nach: Jeremias Gotthelf, Kurt von Koppigen)

Weitere Texte

1. Der Kaufmann Petrus Deuteguarda wird in Graubünden überfallen, obwohl er den Zoll entrichtet hatte. Er fordert deshalb Schadenersatz (Lateran, 1226).

2. An der Zollstelle von Como wurden in der Nacht zwei Ballen Leinwand gestohlen, die von Daniel Kapfmann, Kaufmann in St. Gallen, deponiert worden waren. Er wurde mit 200 Golddukaten entschädigt (Como, 1496).

Ueberfall auf einen Kaufmannszug (Holzschnitt, 1531)

Heimziehende Truppen werden am Gothard von einer Lawine überrascht

Umgeworfener Wagen

A 16

TRANSPORTKOSTEN UEBER DIE ALPENPAESSE UM 1500

Hans Her, Geselle der grossen Ravensburger Handelsgesellschaft, führt in seinem "Strassenbüchlein" alle Ausgaben bei seinen regelmässigen Fahrten von Ravensburg nach Chiavenna, Como und Mailand auf:

- Schifferlohn von Buchhorn oder von Lindau nach Fussach
- Zoll und "Gredgeld" in Lindau
- Leerlohn, Zoll und Ballenteilergeld in Fussach
- Fuhrlohn von Fussach nach Feldkirch
- Zoll von Vaduz
- Fuhrlohn von Feldkirch nach Maienfeld und Chur
- Zoll und Fürleite in Chur
- Fuhrlohn von Chur nach Chiavenna über den Septimer oder Splügen
- Miete eines zusätzlichen Pferdes über den Pass
- Lohn des Begleitmannes
- Zoll in Chiavenna
- Fuhrlohn bis zum Comersee
- Schifferlohn bis Como.

Erklärungen:

(Ballen-) Teiler:
Wichtigste Person in der Sust. Er teilte den Säumern die Lasten für den Weitertransport zu und sorgte für die genaue Einhaltung der Reihenfolge unter den Säumern.

Fürleite:
Eine Abgabe an die Sust, wenn der Kaufmann die Alpen im Eiltempo überqueren wollte, ohne bei den einzelnen Susten umzuladen.

Gredgeld:
Eine Lagergebühr für die Aufbewahrung der Kaufmannsladung in der Sust.

KLEINES LEXIKON ZU BEGRIFFEN DES HANDELSVERKEHRS

Ergänze die Angaben:

(Ballen-) Teiler:	Säumer:
Wichtigste Person in der Sust. Er teilte den Säumern die Lasten für den Weitertransport zu und sorgte für die genaue Einhaltung der Reihenfolge unter den Säumern.	
Fürleite:	Saumtier:
Eine Abgabe an die Sust, wenn der Kaufmann die Alpen im Eiltempo überqueren wollte, ohne bei den einzelnen Susten umzuladen.	
Gredgeld:	Strackfuhr:
Eine Lagergebühr für die Aufbewahrung der Kaufmannsladung in der Sust.	
Hospiz:	Sust:
Nauen:	Treideln:
Reckweg:	Zunft zu Kaufleuten:

EINE REISE VON BASEL NACH MAILAND AUF BILDERN

Basel (Stich Merian, 17. Jh.)

Luzern (Stich Merian, 17. Jh.)

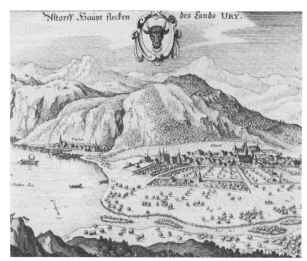

Flüelen und Altdorf
(Stich Merian, 17. Jh.)

Göschenen (19. Jh.)

Teufelsbrücke (Aquarell
von G. Lory, undatiert)

Hospenthal (Sepia von
F.X. Triner, 1794)

Gotthard-Hospiz
(Kolorierter Stich von
Descourtis, 1785)

Airolo (Kolorierte
Umrissradierung von
J. G. Jentsch)

Bellinzona (Stich
Merian, 17. Jh.)

Lugano (Stich Merian, 17. Jh.)

DAS REUSSTAL MIT DEM DORF WASSEN FRUEHER UND HEUTE

Wassen im 19. Jahrhundert (Aquarell von D. A. Schmid, undatiert)

Autobahnverkehr heute

Das Reusstal bei Wassen heute

DER GOTTHARDPASS EINST UND HEUTE

Sust in Silenen

Alter Saumpfad und neue Passstrasse in Hospenthal

Alte und neue Teufelsbrücke

Hospiz auf dem St. Gotthard

Altes Zollhaus am Eingang
der Dazio-Grande-Schlucht

Nordportal des Gotthard-
tunnels bei Göschenen

Neueste Schöllenenstrasse
(1956) und alte Fahr-
strasse

Gotthard-Autobahn
und alte Fahrstrasse in der
Tremola

<u>Reisezeiten Luzern-
Bellinzona</u>

um 1500	4 Tage
1850	18 Std.
1885	5 Std. 45 Min.
1980	2 Std. 20 Min.
1985	1 Std. 30 Min.

<u>Reisende</u>

bis 19. Jh.	einige 1'000
1840	15'000
1883	250'000
1979	7'000'000

<u>Gütermengen</u>

um 1500	ca. 36 t
1981 (Strasse)	984'000 t
1981 (Bahn)	10'500'000 t

Gewalt und Recht

Zum Bild auf Seite 85:

Ein Tag zu Flamatt 1323

Schon bevor Bern das Städtchen Laupen gekauft
hatte, entwickelte sich mit dem österreichischen
Freiburg ein Konflikt, der von gegenseitigen
Verwüstungen begleitet war. Die Berner befürchteten, leicht könnte ein grösserer Krieg ent-
facht werden, und wollten weiteren Kriegsschaden
und Verwüstungen verhindern. Diplomatische Bemü-
hungen führten dazu, dass Abgesandte beider
Städte sich in Flamattt zu Verhandlungen zusam-
menfanden. Die Berner machten jedoch nur Zuge-
ständnissse, die den Freiburgern zu wenig entge-
genkamen. Diese machten sogar geltend, hinter
ihnen stünden "Herren - adelig, gewaltig und
mächtig". Aber die Berner liessen sich nicht
einschüchtern, so dass schliesslich die Verhandlungen abgebrochen werden mussten.

Didaktische Vorbemerkungen

Im ersten Kapitel wurde gezeigt, wie der Handel ein gesteigertes Bedürfnis nach Rechtssicherheit entstehen liess.

In diesem Kapitel sollen Formen der Rechtssicherung zur Darstellung gelangen. Dabei soll verständlich werden, dass dieser Wunsch nach Sicherheit eine ganz wichtige Motivation der Länder- und Städteorte gewesen ist, sich zusammenzuschliessen. Die stärkere Betonung der Landfriedensidee führte dazu, dass Habsburg in der Frühgeschichte der Eidgenossenschaft nicht mehr so stark im Zentrum steht.

In der Tat ist die Behauptung, der Bund von 1291 sei als Bündnis gegen Habsburg geschlossen worden, heute nicht mehr haltbar. Diese Sicht der Dinge war erst im 15. Jahrhundert - lange nach den Ereignissen - aufgekommen und im 19. Jahrhundert von nationalistischen Kreisen wieder belebt worden.

Ebenso wenig korrekt ist es, im Bund von 1291 den Beginn einer schweizerischen Staatlichkeit zu sehen. "Staaten" im engeren Sinne des Wortes, nämlich geschlossene Territorien mit innerer Autonomie und Souveränität gegen aussen, waren die einzelnen Orte, der Bund selber erst seit 1848. Wer ist nicht erstaunt, wenn er hört, dass der Bundesbrief von 1291 erst im 18. Jahrhundert wieder entdeckt wurde? Wir müssen uns hüten, die Entwicklung vom Resultat her zu beurteilen.

Die Entwicklung und Ausdehnung der Eidgenossenschaft fügte sich in den Rahmen eines politischen Prozesses, der in ganz Mitteleuropa ähnlich verlief: Fürsten und Städte versuchten, geschlossene Territorien zu bilden und innerhalb dieses Gebietes möglichst alle Rechte an sich zu ziehen. Wo das verwirklicht wurde, entstanden Staaten. In Deutschland erreichten dies die grösseren Fürsten, im Gebiet der heutigen Schweiz die Talschaften und Städte. Eine Sonderentwicklung ist in der Schweiz nur insofern festzustellen, als es hier gelang, die Ansprüche des Adels zurückzubinden und die Freiheit der Städte und der Länderorte zu erhalten und auszubauen.

In dieser Auseinandersetzung waren alle grösseren Fürstenhäuser, nicht nur die Habsburger, Gegner der Länder und Städte. Die Rechtslage sprach häufig zugunsten der Fürsten.

Ebenso müssen wir von der Vorstellung, die Bundesgründung sei von demokratisch organisierten Bauern getragen worden, Abschied nehmen. Auch in den Talschaften waren lokale Herren an der Ablösung fürstlicher Macht am meisten interessiert; sie wussten das Volk für ihre Ziele einzuspannen.

Die Behandlung der frühen Bünde als Landfriedensbündnisse stellt eine Vereinfachung dar. Korrekturen und Differenzierungen erfolgen in den folgenden Kapiteln; es geht in diesem Kapitel einzig darum, e i n e Hauptlinie herauszuarbeiten.

In einem ersten Teil wird gezeigt, wie das mittelalterliche Fehdewesen in diese Epoche hineinreichte und zur Unsicherheit der Zeit beitrug. Viele Formen unstaatlichen Kriegertums lassen sich darauf und auf frühes Brauchtum zurückführen.

In einem zweiten Teil wird die Landfriedensidee entwickelt und in frühen Bundesbriefen nachgewiesen. Eine andere Art der Konfliktlösung wird im Schiedsgericht vorgeführt. Beide Kapitel zeigen, dass sich in der Zeit des 14. und 15.
Jahrhunderts Rechtsformen ausbildeten, welche die negativen Folgen des Fehdewe-
sens begrenzen sollten. Dass ein Bedürfnis nach friedlicheren und sichereren
Verhältnissen am Anfang unserer Geschichte stand, wird manchem Lehrer eine kon-
krete Alternative zur bisherigen Heldenhistorie bieten.

In einem Schlussteil soll ein erstes Mal skizziert werden, wie aus dem Landfriedensbedürfnis heraus die Eidgenossenschaft wuchs: nicht konzentrisch, nicht
systematisch, sondern recht wild, unübersichtlich und von keinem geheimen Plan
geleitet. Die Formen dieser Machterweiterung werden dann im dritten Kapitel am
Beispiel Berns vorgeführt.

Vermittlungsversuch des Deutschritterkomturs von Wädenswil zwischen
Zürchern und Eidgenossen auf dem Zürichsee (1446).

---

1. IMMER WIEDER KRIEG

1.1. GEWALTFORMEN IM SPAETMITTELALTER

Gewaltsame Formen der Konfliktlösung waren im Spätmittelalter häufig, weil noch keine umfassende Staatsgewalt existierte, die ein einheitliches Recht durchsetzen und das Monopol der Gewaltanwendung beanspruchen konnte.

In der Adelsgesellschaft war die Durchsetzung des Rechts noch weitgehend eine private Angelegenheit. Erst allmählich bemühten sich die Fürsten und Stadtregierungen, die Wahrung des Rechts und die Durchsetzung von Strafmassnahmen zum eigenen Monopol zu machen. In der uns interessierenden Zeit des 14. und 15. Jahrhunderts war dieser Prozess erst voll im Gang.

Fehde

Die wichtigste Form privater Rechtsdurchsetzung war die Fehde. Das Recht zur Fehde stand den Adligen und dem wehrfähigen Freien zu, während Stadtbürger und abhängige Bauern ihre Rechtsansprüche vor einem Gericht durchsetzen mussten.

Die Fehde war ein Racheakt und hatte die Schädigung des Feindes zum Ziel (Raub, Brand oder Totschlag). Der Ablauf war an gewisse Formen gebunden:

- Zuerst musste Recht verletzt sein oder der Kläger vor Gericht kein Recht gefunden haben.

- Dann musste die Fehde öffentlich angekündigt werden: Absage.

- War der Gegner genug geschädigt, konnte die Fehde beigelegt werden.

- Im Friedensvertrag (= "Sühne") wurden die vergangenen Streitigkeiten als abgetan erklärt.

- Anschliessend schwur man sich "Urfehde", d.h. Verzicht auf Rache.

Auch Richter oder Schiedsrichter, die in solchen Konflikten vermittelten, liessen sich oft Urfehde schwören, um sich vor der Rache der Verurteilten zu schützen.

Eine klare Abgrenzung zwischen Fehde und Krieg ist im Mittelalter nicht möglich, es sei denn, man wolle den Umfang einer kriegerischen Aktion als Massstab nehmen. Da aber feudale Abhängigkeiten zur Fehdefolge verpflichteten, konnten wegen eines Familienkonflikts ganze Landschaften in einen Krieg verwickelt werden.

In einer Zeit, da staatliche Macht kaum existierte, war die Fehde eine angemessene Form der Rechtswahrung. Aber im Hochmittelalter wurde sie immer mehr zu einer Geissel der Menschen und zu einem Hemmschuh des aufkommenden Handels. Im Spätmittelalter führten die finanziellen Schwierigkeiten der kleinen Adligen nicht selten dazu, dass sie durch Ueberfallaktionen (sei es auf einen Kaufmannszug, ein Dorf oder eine benachbarte Burg) das "Einnahmenkonto" zu äufnen versuchten. Daraus konnten sich Raubfehden entwickeln, die die Rechtssicherheit einer Region stark beeinträchtigten.

Raubzug der Berner nach Thun (1341).

Wilde Auszüge und Heimsuchungen

Eine andere Erscheinungsform gewalttätiger Auseinandersetzung fassen wir in den sogenannten "wilden Auszügen", "Heimsuchungen" oder Beutezügen.

Im Spätmittelalter waren viele Kriegszüge ungeordnete, von keiner Obrigkeit gewollte, von unternehmungslustigen "Knechten" unternommene Privataktionen, die nicht selten im alten Brauchtum der Hirtenkultur unseres Landes verwurzelt waren.

Ziel solcher Auszüge war meistens das Beutemachen, seltener die Einforderung von vorenthaltenen Rechten. Um eine rechtliche Absicherung der kriegerischen Aktion kümmerte man sich oft wenig. Dorfrivalitäten, Raufhändel, Streitigkeiten um Grenzen oder Güter, private Fehden, aber auch Auflehnung gegen die fürstliche Macht lieferten leicht einen entsprechenden Vorwand. Aktionen dieser Art konnten sich also gegen Dorfgenossen, andere Dörfer, gegen Städte oder gegen die eigene Obrigkeit richten; nicht selten griff man auch auf fremdes Gebiet über.

So gehörten der Raub von Vieh und beweglicher Habe, die Plünderung von Häusern und Kirchen, auf die nicht selten eine Brandschatzung folgte, und die Geiselnahme zur Erpressung von Lösegeldern zu den häufigsten Begleiterscheinungen solcher Auszüge.

Dabei fällt auf, wie viele solcher Aktionen im Winter stattfanden. Die winterliche Langeweile auf den Dörfern wirkte offensichtlich stimulierend. Dass solche Auszüge mit altem Brauchtum zusammenhingen, beleuchtet manche interessante Einzelheit (nach Schaufelberger):

- So ist z.B. auffällig, dass viele Auszüge zwischen Weihnachten und dem Dreikönigstag (in den sogenannten "Zwölf Nächten") stattfanden, dann auch häufig in der Fastenzeit, an den Ostertagen und im Anschluss an Kirchweih- und andere Feste.

- Der Uristier, eine der imposantesten Erscheinungen auf dem Schlachtfeld, trieb auch (und vielleicht zuerst) an der Fastnacht sein Unwesen.

- Einen Viehraub schliesslich kommentiert ein Chronist mit den Worten: "das taten die Räuber in verwandleten kleidern, wobei etlich sogar in gestalt der wibern gekleidet waren" (Pfeffingen, Ende Mai 1499).

Eine besondere Form der Gewalttätigkeit waren die sogenannten "Heimsuchungen". Darunter ist die Plünderung eines Hauses, einer Burg, gelegentlich eines ganzen Dorfes zu verstehen. Hinterher wurde das Objekt der Plünderung meist verwüstet oder verbrannt. Drei mögliche Herleitungen des Vorgangs deuten die Verwurzelung im Brauchtum an:

- Heimsuchung als Vollzugsform der Fehde;

- Heimsuchung als Volksbrauch, der sich aus der gerichtlich angeordneten "Wüstung" (Zerstörung des Hauses als strafrechtliche Massnahme) entwickelt hatte;

- Heimsuchung als "Heischebrauch", wie er noch heute in vielen Silvester-,
  Neujahrs- und Fastnachtsbräuchen weiterlebt. Klöster und Kirchen, aber auch
  Adlige scheinen zu gewissen Festzeiten verpflichtet gewesen zu sein, das
  Volk zu bewirten.

Viele Ueberfälle auf Klöster werden auf diesen Brauch zurückgehen.

Die Mannschaft der wilden Auszüge und Heimsuchungen war häufig sehr jung. Träger waren oft die organisierten "Knabenschaften", welche "das Panier zum Karne-
val und den Narrenwimpel auf das Kriegsfeld trugen, weil sie an beidem, Scherz
und Ernst, massgeblich beteiligt waren" (Schaufelberger). Die Organisation dieser Knabenschaften entsprach weitgehend jener der Dorfgenossenschaft oder der
Zünfte. In ihnen spiegelten sich urtümliche Elemente des Gesellschaftslebens,
wie sie in den sogenannten Primitivkulturen heute noch in den Männerbünden
weiterleben.

Die Knabenschaften bildeten überall, wo sie auftraten, eine paramilitärische
Organisation. Sie traten beim Kirchgang, an Festen und Versammlungen geschlossen in Wehr und Waffen auf, nahmen Einfluss auf die politischen Entscheidungen
der Gemeinden und waren Träger des lokalen Brauchtums. Die an Fastnachtstagen
häufig belegten "Schimpf- (= Scherz und Spiel) und Scheingefechte" dürften ein
Teil der kriegerischen Ausbildung der Jungmannschaft gewesen sein. Die Knaben
traten ursprünglich mit 14, später mit 16 oder 18 Jahren in die Organisation
ein, wobei oft ein geheimgehaltenes Zeremoniell zur Anwendung kam, das den Tag
zu einem besonderen Festtag machte. Gleichzeitig wurde der Knabe waffen- und
heiratsfähig.

Ueberfall auf das Kloster
Mariaberg in Rorschach (1489).

1.2. ARBEITSMOEGLICHKEITEN ZU KAPITEL 1: IMMER WIEDER KRIEG

Uebersicht

wie?	was?	Schülermaterial	Lehrerinformation
Bilder betrachten	Mit Hilfe eines Arbeitsblattes aus Bildern die Auswirkungen von Fehde und Krieg erschliessen	A 24-28	S. 93-96
Text analysieren	Schilderung eines Ueberfalls der Schwyzer auf das Kloster Einsiedeln	A 29	S. 97/98
Spielen	Gerichtsverhandlung zu den Untaten der Schwyzer in einem Rollenspiel darstellen	A 29	S. 97
Interview verfassen	Mit Hilfe des Textes eine Befragung eines Betroffenen und seine Antworten entwerfen		S. 99/100

Erläuterungen zu den Bildern A 24-28

Brand von Sitten im Oktober 1418 (A 24)

Das Bild steht im Zusammenhang mit der Freiheitsbewegung der Oberwalliser vom Goms bis Sitten zu Beginn des 15. Jahrhunderts. Sie richtete sich gegen die feudalen Herren.

Nachdem aufständische Untertanen die Burgen Gitschards von Raron gestürmt hatten, suchte er bei Bern Hilfe, mit dem die Raron seit dem Ende des 14. Jahrhunderts verburgrechtet waren. Die Berner befürchteten, dass die Unruhen im Wallis auch die bernischen Untertanen im Oberland zu Aufständen ermuntern könnten. Sie sagten deshalb den Herren von Raron Hilfe zu.

Freiwillige aus Bern und dem Oberland zogen, wahrscheinlich mit der Hoffnung auf Beute, über den Sanetsch nach Sitten. Sie legten die Stadt in Brand, plünderten sie und zogen mit grosser Beute heimwärts. Die gegenseitigen Raub- und Plünderungszüge dauerten noch weitere zwei Jahre an.

Die Illustration Tschachtlans zeigt die siegreichen Berner mit reicher Beute. Im Hintergrund erheben sich die Wahrzeichen von Sitten: Tourbillon, Valeria und die Majorie, Wohnsitz des Bischofs. Da Tschachtlan nie im Wallis gewesen sein soll, musste er die Zeichnung wohl nach Schilderungen der Kriegsteilnehmer angefertigt haben. Klar erkennbar sind die Fahnen des Saanenlandes (Kranich), des Obersimmentals (Bär) und der Raron (Adler).

Die Berner Chronik des Venners und Ratsherrn Bendicht Tschachtlan (gest. 1493) ist die älteste Bilderchronik der Schweiz (entstanden 1470). Tschachtlan bebilderte die private Chronik, der Berner Ratsherr Heinrich Dittlinger (gest. 1478) schrieb den Text.

Raubernte der Berner vor Freiburg, 1388 (A 25)

Im Gefolge des Sempacherkrieges nutzten die Eidgenossen und die Berner die Schwäche des Gegners Oesterreich und seiner Verbündeten. Während die Eidgenossen mit Unterstützung durch die Berner die Stadt Rapperswil erfolglos belagerten, brachten die Berner die Städte Büren und Nidau (1388) in ihren Besitz. Danach wandten sie sich gegen den habsburgischen Verbündeten Freiburg und fielen ins Gebiet zwischen Freiburg und dem Murtensee ein. Mehr als gegenseitiges Kornmähen (vgl. Bild) und die Erbeutung von Vieh entstand daraus aber nicht.

Das Bild stammt aus der "Amtlichen Berner Chronik" (Bd. 1, Bl. 120), die Diebold Schilling im Jahre 1478 dem Berner Rat vorlegte. Ueber den Illustrator weiss man nichts, als dass es nicht Schilling selbst gewesen war.

Das Bild zeigt den Angriff der Berner gegen Freiburg. Die Berner mähen die freiburgische Ernte ab. Im Hintergrund finden sich die Befestigungsanlagen mit äusserem und innerem Festungsgürtel. Das Münster ist im Bau und wird überragt von einem grossen Kran mit Steingreifzange. Auf dem Hügel im Hintergrund steht der Freiburger Galgen.

Nach einem Raubzug der Berner ins Gebiet der Grafen von Savoyen, 1333 (A 26)

Im Vorfeld des Laupenkrieges und im Zusammenhang mit dem Gümmenenkrieg schädigten sich Berner und Freiburger gegenseitig mit Raubzügen. Im Bund mit Graf Peter von Aarberg unternahmen die Berner 1333 einen Raubzug ins savoyische Waadtland, da einige Herren der Waadt auf Freiburgs Seite standen.

Vor Wifflisburg (Avenches) erbeuteten sie eine Menge Vieh. Das Bild zeigt das Wegtreiben der geraubten Viehherden. Man erkennt das bernische Fussvolk mit Panner und Schützenfähnlein, dahinter die Reiterei des Grafen von Aarberg. Die Schützen sind mit Handbüchsen bewaffnet.

Das Bild stammt aus der für Rudolf von Erlach geschriebenen privaten Berner Chronik des Diebold Schilling (Spiezer Schilling) von 1484 (Bl.158). Sie geht im Text auf die beiden ersten Bände der "Amtlichen Berner Chronik" zurück, weist aber einen auf das Geschlecht der Erlach zugeschnittenen Bilderschmuck auf.

_____

Brandschatzung von Konstanz (sog. "Plappartkrieg") von 1458 (A 27)

Am Konstanzer Schützenfest trafen sich Eidgenossen, Schwaben und Einheimische.
Nach dem Schiessen vereinigte man sich in froher Runde beim Wein. Plötzlich
wurde das Singen durch ein aufgeregtes Schimpfen unterbrochen. Der Wirt foppte
einen Berner, mit einer solchen Münze könne er nicht zahlen, einen Kuhplappart
nehme er nicht (Plappart: bernische Silbermünze im Wert von 15 Pfennigen). Die
Schwaben in der Nähe besahen sich die Münze ebenfalls und bestätigten, dass der
Bär auf dem Wappen einer Kuh gliche. Es kam zur Prügelei, und die Berner droh-
ten mit Rache.

Viertausend Eidgenossen zogen einige Wochen später in den Thurgau und nahmen
Weinfelden ein. Erst nachdem ihnen der Bischof von Konstanz 3000 Gulden und der
Vogt von Weinfelden 2000 Gulden Brandschatzungsgeld bezahlt hatten, zogen sie
wieder ab. Andernfalls wären sie bereit gewesen, die Städte zu plündern und in
Brand zu stecken.

Eine andere Version erklärt den Anlass zum Kriegszug so:
Am Konstanzer Schützenfest habe ein Luzerner seinen Einsatz mit einem Berner
Plappart bezahlt, worauf ein Konstanzer spöttisch bemerkt habe, um einen "Kuh-
plappart" schiesse er nicht.

Das Bild findet sich in der "Amtlichen Berner Chronik" des Diebold Schilling
und stellt die Uebergabe der Brandschatzungssumme vor Konstanz dar. Die eidgenössischen Krieger sind mit Handbüchsen, Armbrüsten und Langspiessen ausgerü-
stet. Man erkennt die Banner von Zürich, Luzern, Unterwalden, Uri, Zug und
Glarus (zuhinterst). Das Banner von Schwyz ist hinter dem Uristier versteckt.
Es fehlt erstaunlicherweise die Berner Fahne.

Armbrustschiessen auf
dem Schiessplatz zu
Konstanz.

Im Vordergrund die
Streitenden, die den
"Plappartkrieg"
auslösten.

Arbeitsauträge für den Schüler zu A 24-28

Fragen	Antworten
1. Auf diesen alten Darstellungen aus Chroniken sind verschiedene Arten der Gewaltanwendung zu erkennen. Beschreibe, auf welche Weise den Angegriffenen Schaden zugefügt wurde.	Geschädigt wurde durch: - Viehraub und Raubernte - Plünderung - Verwüstung - Mord und Totschlag - Brandschatzung - Erpressen von Lösegeldern
2. Ueberlege, welche Beweggründe Fehden und Kleinkriege ausgelöst haben konnten.	- Machthunger - Beutegier - Herrschaftsansprüche - Schwäche des Gegners - Ueberlegenheitsgefühl - Rache
3. Ueberlege, welche Leute am meisten litten und welche Gefühle das bei ihnen ausgelöst haben mochte.	Leidtragende waren nicht nur die Adligen, gegen die die Aktionen gerichtet waren, sondern vor allem die Dorf- und Stadtbewohner. Häufig wurden Rachegefühle ausgelöst.
4. Welche Auswirkungen hatten Raub und Plünderung für die Betroffenen?	- Nahrungsmittelverknappung und -verteuerung - Hunger - Verarmung
5. Versuche dich in die Lage der Leidtragenden zu versetzen. Ueberlege und diskutiere, wie diese sich gegen weitere Gewalttätigkeiten zur Wehr setzen oder schützen konnten. Schreib das Ergebnis auf.	- Zusammenschluss der Geschädigten (Bündnis) - Anstreben von Schiedsgerichtsentscheiden - Schirmherrschaft eingehen
6. Wähle eines der Bilder aus und beschreibe das dargestellte Geschehen so, als wärst Du selbst als Zuschauer und Zuhörer dabei gewesen.	

Arbeitsmöglichkeiten zu A 29
_____

Die Entstehung des Konflikts, der zur Schlacht bei Morgarten führte, ist eine gute Illustration für die Formen der Auseinandersetzung, die in jener Zeit üblich waren.

Am Anfang stand offenbar ein Streit um Alprechte. Die Mönche des Klosters Einsiedeln und Schwyzer Bauern waren sich nicht einig, ob ein von Schwyzern gerodetes Stück Land dem Kloster gehörte oder nicht.

Der Streit entlud sich in verschiedenen Plünderungszügen der Schwyzer gegen das Kloster, wobei Vieh und andere Güter des Klosters gestohlen wurden. Die Mönche konnten sich nicht selber wehren, sondern wandten sich an ihren Schutzvogt, der die Schwyzer mehrfach mahnte, den Schaden zu vergüten. Als dies nicht geschah, schritt er zur Strafexpedition: Mit einem Ritterheer zog Herzog Leopold von Habsburg gegen die Schwyzer. Wie der Kampf im einzelnen ablief, ist unbekannt; nur so viel weiss man, dass das Ritterheer in ungünstigem Gelände von den Bauern geschlagen wurde.

Folgende Elemente früher Konfliktformen lassen sich isolieren:

- Der private Streit zwischen Bauern und Kloster (dahinter möglicherweise die Frage: Gehört der Boden demjenigen, der ihn rodet, oder dem, der einen Rechtstitel besitzt?)

- Die Heimsuchung (mit Verwüstung und Diebstahl) als Form der Gewaltanwendung

- Die Anrufung des Schutzherrn

- Die Forderung des Schutzherrn auf Vergütung des Schadens (gütliche Form, Recht zu erhalten)

- Strafaktion

- Das Misslingen der Bestrafung: Der Rechtsbrecher hat Erfolg.

Der Lehrer wird dabei den grösseren Rahmen im Auge behalten, dass sich die Politik der Habsburger als Versuch verstehen lässt, im schweizerischen Mittelland und im Passgebiet ein möglichst geschlossenes Territorium zu bilden. Es ist aber nicht nötig, diesen Zusammenhang an dieser Stelle zu behandeln.

Die Schüler können folgende Aufgaben lösen:

- den Text anhand von Fragen analysieren (A 29/S.98).

- einen Katalog der Untaten der Schwyzer erstellen.

- eine Gerichtshandlung vor dem Richter spielen: Die Mönche klagen an, die Schwyzer versuchen sich zu verteidigen.

- mit Hilfe des Textes auf A 29 ein Interview mit einem Betroffenen vorbereiten und seine Antworten entwerfen.

Mögliche Lösungen zu A 29

1. Was treibt die Schwyzer zum Ueberfall?

   - Sie wollen das Kloster schädigen.
   - Sie wollen Beute machen.

2. Wie geht der Ueberfall vor sich?

   - Er geschieht in der Nacht.
   - Das Kloster ist ohne Schutz.
   - Die Zugänge werden besetzt.
   - Dann werden Türen aufgebrochen.
   - Alle Kammern, Zimmer, Truhen werden aufgebrochen und geplündert.
   - Wertvolle Gegenstände werden geraubt.
   - Wertvolle Gegenstände werden zerstört.
   - Heiligtümer und Altar werden entweiht.
   - Die Schwyzer betrinken sich zuletzt.

3. Was ärgert den berichtenden Mönch ganz besonders?

   - Dass die Wut der Schwyzer auch vor den heiligsten Einrichtungen der Kirche nicht Halt macht.
   - Dass die Schwyzer die Kirche und die heiligen Gegenstände nicht verschonen.
   - Dass sie in der Trunkenheit sich ganz unflätig benehmen.

4. Erfahren wir aus der Erzählung etwas über den Grund des Ueberfalls?

   - Nein, das verschweigt der Mönch.
   - Er fühlt sich so im Recht, dass er es nicht für nötig hält.

Der Ueberfall auf das Kloster Einsiedeln

Interview Peter Bühlers mit Rudolf von Radegg (1304-27), Schulmeister des
Klosters Einsiedeln, zum Ueberfall des Klosters am 6./7. Januar 1314.
(Versuch einer Transkription aus: "Freudvoll zum Streit... Bedeutung des alt-
eidgenössischen Kriegertums" im Rahmen der Sendereihe "Im Rückspiegel" von Ra-
dio DRS)

B.:   Rudolf von Radegg, nach dene Informatione, wo mir hei, hei ja d'Schwyzer
        ds Chloschter praktisch umzinglet, so dass kene vo Euch Chloschter-
        brüeder und o ds Personal e Fluchtmüglechkeit gha hei, aber en Ufmarsch
        i dere Art, wi mene beschribe het, isch doch sicher mit grossem Lärm
        verbunde gsi. Het niemer rächtzitig chönne Alarm schlah?

R.:   Doch es isch Alarm gschlage worde, mir händ immer e Wächter uf em Turm
        obe und dä hät gmerkt, dass öppis los isch und dä hät a mit dr Glogge
        Alarm gschlage; aber mr wüsset, s'isch Nacht gsi, s'isch chalt gsi, es
        isch Epiphaniefäscht gsi, mr händ all tüüf gschlofe nach däm höche Fir-
        tig, und mr sind nachhär au durenand gränt i dr Ufregig, s'isch gsi,
        wie wänn e Fuchs im Hüenerstall wär, es isch öppe gsi wie jetz, wo uf-
        grumet wird, es Chaos, völlig unorganisiert...

B.:   Heit Dir Angscht gha, villecht sogar Todesangscht?

R.:   Mir händ Angscht gha, das isch ganz klar, i meine, Todesangscht sicher.
        Gottesfürchtigi Lüt dänked immer dra: Mitten im Leben sind wir vom Tod
        umgeben - aber nöd das z'mitts i dr Nacht und das am Epiphaniefäscht; es
        isch, mr sind äifach sinnlos umenand gränt, mr händ würkli Angscht gha
        um üses Läbe und händ nöd gnau gwüsst, was die, was da na alles uf üs
        zuechunnt. Mr händ üs da öppe zäh, füfzäh i ds Innere vom Chloschter
        grettet, wil mr doch zumindescht no agnoh händ, dass si die häilige
        Stette, d'Chile sälber, nid würdet beträtte.

B.:   Aber äbe grad heiligi Stätte, chilchlechi Gemächer, si ja nid unbedingt
        es guets Versteck. Het's o Brüeder gä, wo die Idee gha hei u ds Gfüeu
        gha hei, i wot säuber flüchte u irgendwie uf eigeti Fuscht probiere us
        em Chloschter use z'cho?

R.:   Ja, sicher het's a serigi gä, nöd wahr, mr sind ja nöd organisiert, mr
        händ ja nie so Notfallüebige, Zivilschutzüebige oder ähnlichs gmacht.
        Mr, s'hät jede äifach versuecht, was er hät chönne. Mr händ elteri Mön-
        che under üs, wo sicher dr Chopf verlore händ; es hät es paar Gwitzti
        gha, zum Bispil de Kantor Bubenbärg und de Rudolf vo Hüenebärg dr Elte-
        ri, die sind in e Gruebe abe und händ gmäint, si siget dete sicher, aber
        es isch ne do äifach z'chalt worde. Si sind de nachhär au gfesslet wor-
        de. S'hät ander gha, zum Bispil de Hannes Rägesbärg, - s'tuet mr läid,
        aber s'isch sicher falsch gsi, was er gmacht het; er isch nämlech zum
        Tor us gsecklet, und do sind halt die Schwyzer dusse gschtande.

B.:   Und Dir säuber?

R.:   Mir sind de nächhär äifach mit dr Zit gäge Turm zue, wil mr dänkt händ,
        det siget mr no am sicherschte, mr sind de det aber au chli igchesslet

gsi natürli, händ aber vo det us müesse zueluege, wie die Schwyzer gwüe-
tet händ...

B.:   Wie muess me sech das Ueberfallkommando vorschtelle, ou rein zahlemäs-
        sig? Heit Dir da überhoupt öppis gseh i dere tiefe dunkle...

R.:   Ja, mr händ nit sehr vil gseh, s'isch sehr dunkli Nacht gsi, aber s'hät
        Füür gha, s'isch ja chalt gsi und die Schwyzer händ ja sälber Füür
        gmacht. Si händ übrigens nid äifach Holz verbrännt, si händ üsi wärtvol-
        le Pärgamänt, üseri unersetzliche, ehrwürdige Dokumänt zum Füüre
        bruucht.
        Wäg dr Sterchi vo däm Find, ich müesst säge, es sind mehreri Züg gsi,
        vermuetlich öppe 20 bis 30 Ma, und die sind äifach überall dure, vor
        allem äbe - und das isch das, wo äim wehtuet - nöd nur i d Zälle ine, i
        üsi Gmächer, die sind au i ds Innerschte vo dr Chile, i die häilige Rüüm
        - s'tuet mr weh - si händ de Tabernakel ufgrisse, si händ d Hoschtie
        usegnoh, si händ's am Bode vertrampet, alles das, was mir bruuchet für e
        Gottesdiensch, hänts gnoh, de Reliquieschriin händs gschlisse, d Lüch-
        ter händs useträit und kaputt gmacht, d Vorhäng, alle Schmuck, si händ,
        ja wie söll ich jetz das säge - si händ - ihri Notdurft verrichtet uf em
        Altar obe sälber...

B.:   Ja, aber das isch ja fasch nid z'gloube. Muess me anaäh, dass si irgend-
        wie vom Wi si beruuscht worde?

R.:   Sicher händ si Wi gha, si händ, si sind a üse Mässwi anecho und händ
        sich de gägesitig agschtachlet.

B.:   Und grad das mit dr Hoschtie isch ja öppis, wo me sech praktisch nid cha
        vorstelle.

R.:   Das isch ds Schlimmschte gsi vo allem - s'isch schlimmer gsi als die
        Chriegsgfangeschaft, wo mir nachhär do no ölf Wuche lang ds Schwyz äne
        gsi sind - das müesse aluege, wie die a d Hoschtie anegange sind.

B.:   Grad zu dere Chriegsgfangeschaft möcht i no es Wort verliere drüber, es
        git ja i dere Zit no kes IKRK, also es Komitee vom Rote Chrütz, wo het
        chönne die Gfangene bsueche, Dir sit also praktisch elf Wuche lang de
        Schwyzer eifach usgliferet gsi. U trotzdäm isch es nachhär überraschend
        zu ere Freigab cho, wi isch das vor sech gange?

R.:   D Grafe vo Toggeburg u Habsburg händ sich für üs igsetzt bi de Schwyzer,
        und dene verdanket mir, dass mr händ chönne Aendi Merz wider zrugg is
        Chloschter. Ds Züüg hänts alls bhaltet, die ganzi Büüt händs in Schwyz
        bhalte und mir händ chönne zrugg. Und mit Träne i de Auge hät üs dr Abt,
        dr Abt Johannes, wider chönne i d Arme schliesse.

B.:   I danke-n-Ech vilmal für das Gspräch, Rudolf vo Radegg.

2. VERTRAEGE UND BUENDNISSE

2.1. VERSUCHE ZUR FRIEDENSSICHERUNG IM MITTELALTER

Die häufigen Kriege belasteten die Bauern, die Händler, aber auch die Kirchen, die Plünderungen häufig schutzlos ausgeliefert waren. Es ist deshalb verständlich, dass von verschiedenen Seiten her versucht wurde, das Fehdewesen einzudämmen. Die wichtigsten Versuche seien kurz genannt:

Die Gottesfriedensbewegung

Als der König im Jahre 1027 in Frankreich dem Fehdewesen nicht mehr Herr wurde, versuchten die Bischöfe, den Gottesfrieden durchzusetzen: Von Mittwochabend bis zum Montagmorgen sowie an kirchlichen Feiertagen sollten alle Fehden ruhen. Mit der Klosterbewegung von Cluny verbreitete sich die Idee in Europa.

Der Reichslandfriede

Im Deutschen Reich versuchten die Könige, durch Landfriedensgebote der Fehde Einhalt zu gebieten und den Handel sicherer zu machen. Streitigkeiten sollten vor dem Reichsgericht ausgetragen werden. Im 13. Jahrhundert scheiterte diese Politik an der Schwäche der Könige: 1235 musste der Kaiser dem Adel das Fehderecht in aller Form zugestehen.

Die Schirmherrschaft

Vor allem geistliche Herrschaften, aber auch Städte und Talschaften suchten sich einen Adligen der Umgebung, der für ihre Sicherheit zu sorgen hatte (z.B. Uri vorübergehend im 13. Jahrhundert bei Habsburg, Bern 1256 bei Savoyen). Der "nähere" Schirmherr vertrat den "ferneren" König, der oft nicht in der Lage war, den Frieden zu garantieren. Schirmherrschaft konnte je nach Umständen auch zu dauernder Abhängigkeit führen.

Landfriedensbündnisse

Da die königliche Gewalt zunehmend weniger wirksam war, kamen zwischen Reichsgliedern (Fürsten, Städten, Gemeindeverbänden) vertragliche Abmachungen zur selbständigen Friedenssicherung auf. Die ersten solchen Bündnisse traten im Deutschen Reich ab etwa 1240 in Norddeutschland, am Rhein, in Schwaben und in der Westschweiz ("Hochburgund") auf. Im Laufe der Zeit entwickelten sich daraus so mächtige Bünde wie die Hanse, der schwäbische Städtebund oder die 8-örtige Eidgenossenschaft. Andere Bünde waren von kürzerer Dauer und verschwanden wieder.

2.2. DER ALLGEMEINE CHARAKTER VON LANDFRIEDENSBUENDNISSEN

Analysiert man den Inhalt solcher Landfriedensbündnisse im einzelnen, so fallen folgende drei Aspekte immer wieder auf:

1. Die Vertragsparteien versprachen sich gegenseitige Hilfe bei einem Angriff von Dritten. Im Vordergrund stand also die Wahrung des Landfriedens, das Fernhalten des Krieges vom Gebiet der Bündnispartner.

2. Die Vertragspartner regelten die Beilegung von Streitigkeiten untereinander, garantierten sich gegenseitig ihr Gebiet und sahen für Konfliktfälle ein Schiedsgericht vor, das eine unparteiische Lösung finden sollte.

3. Die Vertragsparteien vereinbarten auch immer gewisse rechtliche Abmachungen im Bereich des Zivil- und des Strafrechts. Dabei standen wirtschaftliche Probleme im Vordergrund, wie sie seit dem Aufschwung von Handel und Geldwirtschaft gehäuft auftraten (Fragen der Schuldeintreibung, des Pfandrechts usw.). Hier lagen die Ansätze zu einer ersten Rechtsvereinheitlichung.

Im allgemeinen hatten die Landfriedensbündnisse auch eine gewisse politische Bedeutung, obschon politische Ziele im Vertragstext selten ausformuliert waren. Aber die Tatsache des Zusammenschlusses beinhaltete automatisch auch eine Frontstellung, meist gegen expansive Fürstenmacht, was unter den Bündnispartnern selbst zu einem festeren Zusammenhalt führte. Staatenbildender Charakter aber kam diesen Bündnissen nicht zu, stets blieben auch bisherige Rechtsverhältnisse ausdrücklich vorbehalten.

Bündnis zwischen Bern und Freiburg, 1243.
Bundesurkunde mit Siegeln.

2.3. LANDFRIEDENSBUENDNISSE IM WORTLAUT ZUM VERGLEICH

Die Texte sind zum Teil lateinisch abgefasst (Bund zwischen Bern und Freiburg 1243 und Bund der Waldstätte 1291). Auch die deutsch abgefassten Texte sind ins Neuhochdeutsche übersetzt. Teilweise sind geringfügige Kürzungen vorgenommen worden, sofern der Inhalt dadurch nicht beeinträchtigt wurde.

1. Hilfeleistungen

(1) Bund der Städte Bern und Freiburg, 1243

Solange diese Städte Bestand haben, sind sie gehalten, zur Verteidigung ihrer Rechte und ihrer rechtmässigen Besitzungen gegen alle Störenfriede einander gegenseitig Rat und Hilfe zu leihen, wobei sie niemanden ausnehmen als ihre Herren, und dies in folgender Form:

Wenn ein Streit zwischen einem der Herren und der andern Stadt entstehen sollte, soll die eine Stadt sich bemühen, dass der Streit geschlichtet werde; wenn sie es nicht erreichen könnte, dann mag sie ihrem Herrn helfen, doch so, dass sie das auf 14 Tage der andern Stadt ankünden und innerhalb dieses Zeitraums ihr keinen Schaden zufügen soll. Wenn diese Tage verflossen sind, kann sie zusammen mit ihrem Herrn zur Schädigung der andern schreiten. Wenn sie dann von deren Gut auf irgendeine Weise etwas gewinnt, soll, wenn der Friede wieder hergestellt wird und die Städte innerhalb von 14 Tagen zusammenkommen, die, welche die andere schädigte, ihr zurückerstatten, was sie vom Besitz der andern hat.

(2) Bund des Landes Hasli mit der Stadt Bern, 1275

Es sei allen kund, dass wir geschworen haben, um von jetzt an unsere Rechte und unsere Besitzungen zu verteidigen, dass wir uns gegenseitig Rat und Hilfe leihen sollen gegen irgendwelche Störenfriede, wenn eine unserer Parteien es von der andern verlangen wird.

(3) Bündnis der Städte Bern, Freiburg, Solothurn, Murten und Biel, 1318

Wir versprechen einander, unsere Güter und Leute und die Strassen zu schützen und nach Vermögen unsere Verhältnisse und Leute zu schirmen.

(4) Ewiger Bund der Stadt Luzern mit den drei Waldstätten, 1332

Geschähe aber, dass jemand einen von uns angreifen und schädigen wollte, dann sollen wir einander wider Herren und wider männiglich behilflich sein mit Leib und Gut, wir die Bürger von Luzern den Waldleuten in unsern Kosten, und auch die Waldleute den Bürgern von Luzern in unsern Kosten.

---

(5) <u>Ewiger Bund der Stadt Bern mit den drei Waldstätten, 1353</u>

Wir sollen einander getreulich behülflich und zu Rat sein, sofern es uns an
Leib und Gut betrifft, gegen alle die, so uns an Leib oder an Gut, an Ehren
und an Freiheiten mit Gewalt oder ohne Recht, mit Unfug, Gewalttat und An-
griffen kränken, Verdruss oder Schaden tun, sei es uns oder jemandem, der
in diesem Bündnis ist.

(6) <u>Ewiger Bund der drei Waldstätte, 1291</u>

Es hat jede Gemeinde versprochen, der andern in jedem Falle zu Hülfe zu eilen, sofern Hülfe notwendig sein sollte, und zwar in eigenen Kosten und in
dem Umfange, als es notwendig sein sollte, um dem Angriff Böswilliger zu
widerstehen und geschehenes Unrecht zu rächen.

2. Schiedsgerichte

---

(1) <u>Bund der Städte Bern und Freiburg, 1243</u>

Wenn eine (Stadt) von ihnen die andere aus irgendeinem Anlass schädigen
würde, soll dies die Geschädigte nicht rächen, sondern die Klage bei der
andern anhängig machen. Wenn es daselbst nicht gesühnt würde, sollen die
Räte der Städte auf halbem Wege zusammenkommen, um dies gemäss Recht oder
durch ehrbaren Vergleich daselbst nach ihrem Ermessen zu entscheiden. Und
was sie hierüber bestimmen, soll von den Parteien unverletzlich gehalten
werden.

(2) <u>Ewiger Bund der Stadt Luzern mit den drei Waldstätten, 1332</u>

Würde eine Misshelligkeit oder Krieg sich erheben unter uns Eidgenossen,
dann sollen die Besten und Kundigsten unter uns den Krieg und die Misshelligkeit schlichten und beilegen nach gütlichem Uebereinkommen oder nach
Rechtsspruch.

(3) <u>Ewiger Bund der Stadt Zürich mit den vier Waldstätten, 1351</u>

Würden wir von Zürich Streit und Misshelligkeit gewinnen mit unsern Eidgenossen von Luzern, von Uri, von Schwyz und von Unterwalden oder mit einem
von ihnen, darum sollen wir zur Tagung nach dem Gotteshaus Einsiedeln kommen, und es sollen die Stadt Luzern oder die Länder, sie alle gemeinsam
oder eines von ihnen, so den Streit mit uns von Zürich hat, zwei ehrbare
Männer dazusetzen und auch wir zwei. Diese vier sollen dann die Sache und
den Streit unverzüglich ausrichten in gütlichem Uebereinkommen oder mit
Rechtsspruch.

Würden sich aber die vier gleich teilen und uneinig werden, so sollen sie
innerhalb unserer Eidgenossenschaft einen unparteiischen Mann zu sich wählen.

(4) Ewiger Bund der Stadt Bern mit den Waldstätten, 1353

Es ist auch vereinbart in diesem Bündnis, dass, wenn jemand, der in diesem Bündnis ist, eine Forderung an den andern hat, wir in Kienholz (bei Brienz) zur Tagung kommen sollen. Ist dann die Forderung derer von Bern oder eines der ihren, so soll der, der die Forderung hat, einen in der Waldstatt als unparteiischen Mann nehmen. Es soll dann jeder Teil zwei zu ihm setzen, und was die fünf oder die Mehrheit unter ihnen um die Sache erkennen nach gütlicher Uebereinkunft, das sollen beide Teile stet haben und gänzlich halten. Wenn aber die Waldstätte oder jemand unter uns Forderung hätte an unsere Eidgenossen von Bern oder an jemand der ihren, soll der auch einen unparteiischen Mann nehmen im Rat zu Bern; so dass aber jeder Teil zwei zu ihm setze, und was die fünf oder die Mehrheit unter ihnen um die Sache erkennen in gütlicher Uebereinkunft oder zu Recht, das sollen beide Teile stet halten.

(5) Ewiger Bund der drei Waldstätte, 1291

Wenn jedoch unter einzelnen Eidgenossen Zwietracht entstehen sollte, so sollen die Einsichtigsten der Eidgenossen den Streit zwischen den Parteien in der ihnen gut scheinenden Weise schlichten, und wenn eine der Parteien diese Beilegung des Streites zurückweisen sollte, so sollen die übrigen Eidgenossen gegen sie Partei nehmen.

Bundesschwur in Zürich beim Beitritt Zürichs zur Eidgenossenschaft.

3. Rechtliche Bestimmungen

(1) Bund der Städte Bern und Freiburg, 1243

Von keiner Stadt soll der andern ein Pfand genommen werden, da daraus leicht Streitigkeiten erwachsen.

(D.h.: Für Schulden der Bürger einer Stadt soll die andere Stadt nicht eigenmächtig Bürger verhaften und ihr Gut pfandweise beschlagnahmen, ohne vorher das Gericht angerufen zu haben.)

Wenn einer eine Klage hat, soll er sie bei der andern Stadt anhängig machen, und wenn er innerhalb drei Tagen sein Recht darüber nicht verfolgen kann und er das, wenn er zurückkehrt, vor seinem Richter durch zwei Zeugen, seine Mitbürger, beweisen kann, damit er, um sein Recht zu verfolgen, schicklicherweise ein Pfand nehmen und es verwahren möge, so ist ihm hiezu die Erlaubnis zu geben.

(2) Bund des Landes Hasli mit der Stadt Bern, 1275

Und in diesem Bündnis haben wir festgesetzt, dass niemand von uns den andern pfänden soll, ausser er wäre sein Schuldner oder Bürge.

(3) Ewiger Bund der Stadt Luzern mit den Waldstätten, 1332

Es soll auch kein Eidgenosse unter uns den andern pfänden, er sei dann Schuldner oder Bürge; und er soll es auch dann nur tun mit Gericht und Urteil.

(4) Ewiger Bund der drei Waldstätte, 1291

Im weitern soll keiner den andern pfänden, es sei denn, dass dieser offenkundig sein Schuldner oder Bürge sei. Und das darf überdies nur mit der Erlaubnis des zuständigen Richters geschehen.

2.4. ARBEITSMOEGLICHKEITEN ZU KAPITEL 2: VERTRAEGE UND BUENDNISSE

Uebersicht

Wie?	Was?	Schülermaterial	Lehrerinformation
Vertragstext verstehen und auswerten	Einen Burgrechtsvertrag analysieren; beidseitige Vorteile abwägen	A 30	S. 107/108
Szene gestalten	Montenach verhandelt mit den Bernern	A 30	
Lied hören	Das Lied vom Vertrag, 1393 (Platte: Trotz der Obrigkeit)		S. 109
Bündnistexte lesen und verstehen	Hilfsverpflichtung, schiedsgerichtliche Einigung und Pfandnahmeverbot in verschiedenen Bündnistexten identifizieren	A 31-33	S. 110-115
Entziffern	Originalschrift des Bundesbriefs von 1291 lesen; Form eines Bundesbriefes kennenlernen	A 34	S. 115/116

Arbeitsmöglichkeiten zu A 30

Ende des 13. Jahrhunderts stand Bern im Konflikt mit zahlreichen Adeligen der Umgebung und der Konkurrenzstadt Freiburg (zur allgemeinen Konfliktsituation s. drittes Hauptkapitel).

Ursachen

- Stetiger Machtanstieg Berns in Konkurrenz zum ansässigen Landadel.

- Wirtschaftliche Rivalität zwischen verarmendem Landadel (von gleichbleibenden Einnahmen abhängig: vgl. "Aus dem mittelalterlichen Leben", Bd. 1) und der aufblühenden Stadt (Zunahme von Handel und Verkehr, Gewinnung neuer Untertanen und Burger).

- Flucht der Landleute in die Stadt ("Stadtluft macht frei").

- Aufnahme von Ausburgern ins bernische Burgrecht (s. auch drittes Hauptkapitel).
- Konkurrenz der beiden Zähringergründungen Freiburg und Bern um den Einfluss in der Westschweiz.

Ein Adelskomplott gegen Bern, an dem sich auch die habsburgische Landstadt Freiburg beteiligte, führte im Jahre 1298 zu Brandschatzungen und Verwüstungen. Da Bern seine Verbündeten Biel, Solothurn und Murten zu Hilfe rief, erlitten die Gegner im Wangental eine arge Niederlage. Danach zerstörten die Berner Truppen die feindlichen Burgen Belp, Geristein und Bremgarten.

Die Burgen Belp und Geristein waren im Besitz des Freiherrn Ulrich von Montenach. In einem auf 10 Jahre befristeten Waffenstillstand setzten die Berner die Besetzung seiner Herrschaft Belp durch. Ferner musste er die verursachten Kriegskosten tragen (möglicherweise durch die Abtretung Muris und der Dörfer Bolligen, Stettlen und Vechigen).

1306 schloss die Stadt Bern mit Ulrich von Montenach einen Vertrag ab (A 30).

Mögliche Lösungen zu A 30

Zu Frage 3: Welche Vorteile handelte der Freiherr von Montenach durch den Vertrag ein?

- Die vergangenen Streitigkeiten gelten als gesühnt.
- Er wird für 20 Jahre der Burgerrechte teilhaftig und erhält den Schutz und Schirm der Stadt.

Zu Frage 4: Welche Vorteile brachte der Vertrag der Stadt Bern?

- Für den Schaden an der Burg Belp besteht keine Forderung mehr.
- Der Neubau einer Burg in Belp ist unter der Kontrolle Berns.
- Aus einem Feind wird ein Freund.
- Verstärkung der Mannschaft und der Macht Berns.
- Bern sichert sich das Einkaufsgeld in jedem Fall.

Das Lied vom Vertrag (1393) von Jürg Jegge

Die Gschicht, won ich jez wott verzelle, isch passiert im Schwyzerland.
Si isch jez bald 600 Jahr alt, doch de meischte unbekannt.
Vo eifache Lüüt und vom Fride weiss de alti Pricht,
/: und drum staat er halt scho chli eleige da i der Schwiizer Heldegschicht.:/

Uf em Sanetsch, zwüschet em Saaneland und em Wallis, isch es gscheh.
Deet händ d Hirte vo beide Tälere zäme gweidet ires Veh.
Doch wänn iri Herre vo Greyerz und vo Raron Striit händ gha,
/: so händ d Hirte halt mit irne Graafe gägenand in Chrieg müese gaa. :/

Doch emal händs sich heimlich troffe bim Dürrseeli, ganz versteckt.
Deet händ d Hirte vom Wallis und Saaneland mitenand en Vertrag uusgheckt.
Wänn s näächschtmal euseri Herre ums Tööde Striit wänd ha,
/: bliibed mir all dihei, eusri Graafe sölled eleige go chriege gaa. :/

Und wänn euseri Herre eus zwinge wänd, dänn da derzue händ si ja d Macht,
so tüemer eus gägesiitig warne heimlich i der Nacht.
So chömmer s Veh verstecke und d Fraue und d Chind derzue.
/: Dänn söled die Grafe sich raube was s wänd, aber euseri Sach lönds in
                                        Rueh. :/

So hät mes gschribe und häts beschwore, jede einzelne Maa.
Und d Hirte vom Wallis und Saaneland, die händ sich ghalte draa.
Das isch, wie gseit, 600 Jahr her, doch nur wenige Lüüte bekannt.
/: Me verzellt eus halt meischtens vil wichtigers Züüg us der Gschicht
                                    vo euserem Land. :/

(Begleittext zur LP: Trotz der Obrigkeit, Zytglogge Verlag, Gümligen)

Die Berner auf einem
Raubzug ins Wallis.
Erbeutung
von Schafherden.

Arbeitsmöglichkeiten zu A 31-34

Zur Arbeit mit Texten aus Bundesbriefen

Für viele Geschichtslehrer gehört es zum "unverzichtbaren" Pensum, den Bundesbrief von 1291 mit den Schülern - meist in einer alten und in kompliziertem
Deutsch abgefassten Uebersetzung - zu lesen.

Die Schüler lernen damit eines der frühesten Dokumente der Schweizer Geschichte
kennen - aber verstehen sie es auch? Der Bundesbrief von 1291 gibt noch heute
sogar Wissenschaftlern viele Rätsel auf und ist keineswegs leicht verständlich.

Wir schlagen deshalb vor, sich vorerst ein Bild von den hauptsächlichen Themen
solcher Briefe zu machen, weil damit auch die Voraussetzungen zum besseren Verständnis späterer Dokumente geschaffen werden. Wir beschränken uns dabei auf
die Hauptthemen:

- Hilfeleistung und gegenseitiger Rechtsschutz
- Schiedsgericht
- gemeinsame Rechtsbestimmungen.

Damit klammern wir z.B. das Problem des Richterartikels bewusst aus, weil seine
Bedeutung auf dieser Stufe nicht wirklich erfasst werden kann.

Dass dem Bundesbrief andere Brieftexte vorausgehen, soll zeigen, dass das Dokument von 1291 in einer Tradition steht, die das Landfriedensbedürfnis zu einem
tragenden Motiv dieser Zeit werden lässt.

Die starke Betonung der Landfriedensidee ist didaktisch begründet; eine wissenschaftliche Betrachtung der Dokumente müsste auch noch andere Aspekte berücksichtigen: Für den Schüler ist es aber eine wichtige Erkenntnis, dass am Anfang
eidgenössischer Geschichte ein Bedürfnis nach Rechtssicherheit und nach Frieden
stand.

Was Schüler nach dieser Sequenz über den Landfrieden wissen sollten

- Im Spätmittelalter hatte jeder Adlige "das Recht", Krieg zu beginnen und zu
  führen (Fehderecht).
- Unter diesen Kriegen litten die Städte und Bauern am meisten; auch der Handel
  wurde gestört.
- Bündnisse von Städten und Talschaften erhöhten die Sicherheit im gemeinsamen
  Gebiet.
- Die Bündnisse waren ein Versuch, friedliche Konfliktregelungen festzulegen
  und durchzusetzen. In ihnen wurde auch ein erster Versuch gemacht, ein ein-
  heitliches Recht zu schaffen.
- Die Obrigkeiten in den Städten und die grossen Fürsten (heute: der Staat) be-
  gannen, das alleinige Recht auf Kriegführung zu beanspruchen, wodurch die
  Häufigkeit von Konflikten abnahm.

Arbeitsmöglichkeiten zu A 31

Erläuterungen zum Bund Berns und Freiburgs von 1243

Das Dokument ist der älteste erhaltene Vertrag Berns und der erste erhaltene Bundesbrief aus dem Gebiet der Schweiz. Aus dem Text geht hervor, dass mit ihm ein älteres Bündnis erneuert wurde. 1245 traten dem Bündnis auch die Stadt Murten und eventuell auch Avenches bei. Das erste Bündnis zwischen Bern und Freiburg war noch zu Lebzeiten Herzog Berchtolds V. von Zähringen abgeschlossen worden.

Nach dem Aussterben der Zähringer im Jahre 1218 fiel deren gesamtes Hausgut südlich des Rheins an die mit ihnen verwandten Grafen von Kyburg. König Friedrich II. versuchte als Inhaber des Herzogtums Schwaben, die heimgefallenen Reichslehen der Zähringer zu behalten; in diesem Zusammenhang erhob er die Stadt Bern in den Stand der Reichsfreiheit.

Freiburg konnte sich keiner vergleichbaren Gunst erfreuen, sondern wurde eine kyburgische Untertanenstadt.

Das Wiederaufleben des Kampfes zwischen Kaiser Friedrich II. und dem Papst im Jahre 1239 zerriss das Deutsche Reich in zwei Lager. Die Kyburger ergriffen die Partei für den Papst, die reichsfreien Berner hingegen unterstützten aus naheliegenden Gründen den Kaiser. In dieser Situation waren friedliche Beziehungen zwischen den Schwesterstädten Bern und Freiburg empfindlich gefährdet. Um dennoch ein freundschaftliches Einvernehmen zu bewahren und den Landfrieden aufrecht zu erhalten, schlossen die beiden Städte im November 1243 einen Bund.

Das Bündnis beinhaltet ein Hilfsversprechen, Gewaltverzicht, die Verpflichtung zur Schlichtung im Konfliktfall, beschreibt den Rechtsweg bei gegenseitigen Klagen oder Rechtsansprüchen und verbietet die in jener Zeit als lästig empfundene Pfandnahme.

1271 wurde der Vertrag erneuert und ausgebaut. "Ewige" Dauer hatte er allerdings nicht, auch wenn sie in den Abmachungen vorgesehen war. 1288 fand man die Freiburger im habsburgischen Belagerungsheer vor Bern, und 1298 trugen die beiden Städte einen eigentlichen Krieg um die Vorherrschaft in der Westschweiz aus. Wir wissen von weiteren Fehden und Kriegen zwischen Bern und Freiburg in den Jahren 1255, 1265, 1331, 1336, 1339, 1388, 1447/48.

Auch wenn immer wieder Kriege die Friedensbemühungen unterbrachen, leisteten die Bündnisse doch einen wichtigen Beitrag zur Herstellung friedlicherer Verhältnisse (Der Text ist abgedruckt in: Quellenhefte zur Schweizergeschichte, Heft 1, 2. Aufl., 1956, S. 4/5).

Mögliche Antworten zu den Fragen auf A 31

Zu 1: "Solange die Städte bestanden" heisst: ohne festgelegte zeitliche Begrenzung.

Kleine Adlige, die als "Raubritter" auftraten oder mit der wachsenden Macht der Städte nicht einverstanden waren; in Fehden verwickelte Adlige; verschuldete Adlige.

Gemeinsam ist man stärker.

Zu 2: Die gütliche Einigung ist gerechter, billiger, für beide Seiten besser
zu akzeptieren als eine gewaltsame Lösung.

In vielen Auseinandersetzungen um Recht und Besitz wird heute gütlich
verhandelt. Es gibt sogar einen internationalen Schiedsgerichtshof in
Den Haag (Niederlande).

Zu 3: Es gab keine allgemein anerkannten Gerichte, die man in Schuldfragen
anrufen konnte. Man musste sich selber helfen. Das tat man so, dass man
den Schuldner gefangen nahm, bis er bezahlte, oder ihn für sich arbeiten
liess.

Der Schuldner verlor oft für lange Zeit seine Freiheit.

Die neue Lösung ist gerechter, führt rascher zur Erledigung, der Schuldner bleibt - falls er bezahlt - frei.

Arbeitsmöglichkeiten zu A 32/33

Erläuterungen zum Bundesbrief von 1291

Der Anfang des Monats August abgeschlossene Bund erneuerte ein früheres Bündnis. Dem Abschluss des Bündnisses müssen viele Fehden vorausgegangen sein, die
den Wunsch nach einer Wiederherstellung des Friedens laut werden liessen. Verbieten konnte man die Fehde noch nicht (das wurde im Ansatz erst in der Bundes-
erneuerung von 1315 versucht), aber man suchte sie in ihrer Wirkung zu beschränken.

Im Mittelpunkt des Bündnisses standen die Bestimmungen über gegenseitige Hilfe-
leistungen bei Gewalttaten und bei der Strafverfolgung im Falle von Brandstiftung, Raub, Schädigung und willkürlicher Pfändung.

Der Text spricht in der Einleitung von der "Arglist der Zeit". Wir befinden uns
in einer Uebergangszeit, die durch viele Veränderungen geprägt war, welche Ver-
unsicherung mit sich brachten. Im schweizerischen Mittelland waren die Zähringer (1218) und die Kyburger (1264) ausgestorben, neue Geschlechter wie die Savoyer und Habsburger traten auf den Plan und verfolgten eine Politik der Machterweiterung, wie sie auf Seite 87 beschrieben ist.

Dazu kam der europäische Konflikt zwischen den staufischen Kaisern und dem
Papsttum, an dem sich der Adel im Gebiet der Schweiz rege beteiligte. Dies
führte zu einem Zustand erhöhter Spannung, in dem sich die königliche Autorität
nicht mehr durchsetzen konnte. Daher mussten Städte und Talschaften selber sehen, wie sie sich behaupten konnten.

Das Bündnis geht bei den strafrechtlichen Bestimmungen weiter als andere Landfriedensbündnisse. Man hat daher vermutet, dass die einheimischen Richter, die
der ländlichen Oberschicht entstammten, ein Interesse daran hatten, möglichst
alle Konfliktsfälle vor dem Gericht auszutragen.

Der vielzitierte Richterartikel (Art. 4) hatte für Uri und wohl auch für Schwyz nichts Revolutionäres an sich. Zumindest in Uri war es ein bereits lange bestehendes Recht, dass die Talschaft selber den Richter stellte. Insbesondere kann man darin keine Spitze gegen Habsburg sehen.

Der Bund von 1291 bedeutet ein Bekenntnis zur Landfriedensidee und zeigt gleichzeitig die feste Absicht der Talschaften, eine mühsam erkämpfte Autonomie zu bewahren und zu behaupten.

Erinnern wir uns: In rechtsunsicheren Zeiten - wenn das Königtum seine friedensstiftende Macht nicht wahrnehmen konnte - hatte eine Stadt oder eine Talschaft zwei Möglichkeiten, sich dem Zugriff lokaler Adliger zu entziehen: Entweder unterstellte man sich einem adligen Schirmherrn - und riskierte dabei, in definitive Abhängigkeit zu geraten -, oder man schloss sich mit anderen Städten und Talschaften zusammen, um gemeinsam die errungenen Freiheiten und Rechte zu verteidigen. Darin liegt der Sinn dieser Bündnisse.

Die Initiative zu den Bundesschlüssen musste von den lokalen Autoritäten ausgegangen sein. Die Oberschicht in den Talschaften, welche die Gerichte, Zollstationen und andere Einkünfte kontrollierte, hatte am meisten Interesse daran, nicht in eine zusätzliche Abhängigkeit zu geraten. Man darf sich also den Bundesschluss nicht als einen demokratischen Vorgang vorstellen.

Die Absicht der Bundesschliessenden war eher konservativ (d.h., bestehende Rechte wahrend), nicht revolutionär; die Gründung der Schweiz war 1291 nicht geplant.

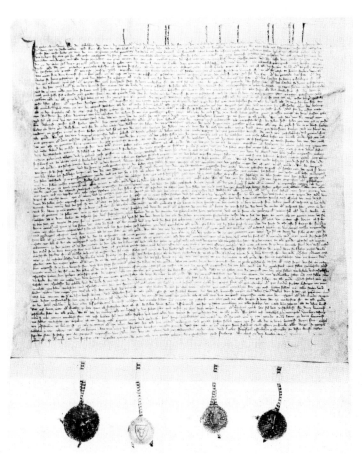

Berner Brief (1353).

Mögliche Lösungen zu A 33

	Bund zwischen Bern und Freiburg (1243)	Bund zwischen Uri, Schwyz und Unterwalden (1291)
gegenseitige Hilfe	gegenseitiger Rat und Hilfe gegen Störenfriede	Hilfe in jedem Falle auf eigene Kosten im nötigen Umfang
Schiedsgericht	Unrecht nicht rächen, sondern Klage erheben; Schiedsspruch durch Räte der beiden Städte	Bei Zwietracht sollen die Ein-sichtigsten schlichten; wenn eine Partei den Schieds-spruch ablehnt, sollen die übrigen Partner gegen sie zusammenhalten
Rechtsbestimmungen	Pfandnahmeverbot Recht zu pfänden nur, wenn vorher das Gericht ange-rufen wurde	Pfandnahmeverbot, ausser mit Erlaub-nis des Richters

Lösungen zu den drei Arbeitsaufgaben:

1. Uebereinstimmung ist vom Inhalt her gegeben.
2. Der Bund der drei Waldstätte geht in den Vereinbarungen weiter:
   - Kostenregelung bei Hilfeleistung
   - Sanktionen im Falle des Widersetzens gegen Schiedsgerichtsurteile
   - Rechtsvereinheitlichung bezüglich Straftäter (Totschlag, Mord, Raub, Brandstiftung)
   Der Bund geht weniger weit: Unklar bleibt, wer Schiedsrichter ist (die Einsichtigsten).
3. Gegenseitiger Beistand.

Zusätzliche Arbeitsmöglichkeiten:

Die Fragen zu Hilfsversprechen, Schiedsgericht und den rechtlichen Regelungen können auf die Briefauszüge aus den Bünden mit dem Lande Hasli, aus dem Luzerner Bund oder dem Bund der Berner mit den Eidgenossen bezogen werden (s. Seite 103 - 106).

Nach der Behandlung von A 31 und A 32 liesse sich auch eine Repetition mit den Texten des Berner Bundes denken.

Die Siegel von Schwyz und Unterwalden
(Berner Brief, 1353).

Arbeitsmöglichkeiten zu A 34

Neben der Arbeit mit den Inhalten der Briefe lassen sich auch Uebungen denken, die mehr die äussere Form der Dokumente ins Zentrum stellen (A 34):

-   Gestalt der Urkunde (Pergament, Siegel)
-   Art der Schrift (Handschrift)
-   Sprache (Lateinisch als Kanzleisprache)
-   Mutmassungen über den Schreiber
-   Wer war in der Lage, das Dokument zu lesen?
-   Uebungen im Lesen der Schrift (Kürzungen beachten!)

Im Bundesbriefarchiv in Schwyz ist der Bundesbrief für wenig Geld als Faksimiledruck erhältlich.

Lösungsmöglichkeiten zu A 34

In nomine domini Amen (die drei Striche über den Buchstabenzeichen sind Kürzungen)
deutsch: Im Namen des Herrn, Amen.

homines vallis Uranie =(Uraniae)

deutsch: die Männer des Tales Uri

universitasque vallis de switz

deutsch: und die Landesgemeinde des Tales Schwyz

ac communitas hominum Intramontanorum vallis inferioris

deutsch: und die Gemeinde der Waldleute des unteren Tales

Actum anno domini M CC LXXXX primo Incipiente mense Au-gu-sto

deutsch: Geschehen im Jahre des Herrn 1291 zu Anfang des Monats August.

Siegel der Talschaft Uri (aus dem Bund mit Bern von 1353).
Text: COMMUNITATIS VALLIS URANIE
deutsch: (Siegel) der Talschaft Uri

---

3. VERMITTLUNG UND SCHIEDSGERICHT

3.1. ALLGEMEINES

In der Institution des Schiedsgerichts fassen wir eine Rechtsform friedlicher
Konfliktslösung, die im Spätmittelalter im Gebiet der Schweiz grosse Bedeutung
erlangte.

Schiedsgerichte waren bereits in der Antike bekannt. Sie traten dort in Erscheinung, wo ein Konflikt ohne Beizug der richterlichen Gewalt in gütlicher
Einigung beigelegt werden sollte.

Im Spätmittelalter verbreiteten sich schiedsgerichtliche Verfahren besonders
stark in Italien, dem Gebiet der heutigen Schweiz, in Süddeutschland und in
Flandern, d.h. in Gegenden, wo eine grössere Anzahl kleiner politischer Einhei-
ten (Städte, Talschaften, Kommunen) nebeneinander bestanden, die sich machtmäs-
sig die Waage hielten.

Die wachsende Bevölkerungszahl, der gesteigerte Wirtschaftsaustausch und damit
zunehmende Konfliktfälle, andererseits aber auch ein wachsendes Bedürfnis nach
Rechtssicherheit und nach Schutz des Eigentums liessen das Bedürfnis nach einem
einfachen Entscheidungssystem entstehen.

Als politisches Instrument der Konfliktlösung, mit dem die ordentlichen Gerichte umgangen werden konnten, verlor das Schiedsgericht später wieder an Bedeutung, weil die entstehenden modernen Staaten die Entscheidungsgewalt an sich
zogen. Aber auf internationaler Ebene (UNO, Haager Gerichtshof), wo anerkannte
und verbindliche Gerichtsinstanzen lange fehlten, behielt es bis ins 20. Jahrhundert seine politische Bedeutung.

Ueberall dort, wo Meinungsverschiedenheiten gütlich (und ohne Rekursinstanz)
ausgetragen werden wollen - man denke an den Sport - ist der Schiedsrichter
nach wie vor unentbehrlich.

Rudolf von Habsburg vermittelt in der
Fehde zwischen den Familien Gruoba
und Izzelin in der Innerschweiz.

3.2. SCHIEDSGERICHTE IM MITTELALTER

In früher Zeit waren es ausschliesslich privatrechtliche Auseinandersetzungen, die schiedsgerichtlich ausgetragen wurden. Später wurde das Verfahren auch auf den öffentlichen Bereich ausgedehnt.

Wichtigste Verhandlungsgegenstände

- Gültigkeit von Verträgen, Bündnissen und anderen Abmachungen

- Grenzstreitigkeiten und andere territoriale Streitfälle

- Beuteteilung nach einem Krieg

- Streitigkeiten über Rechte und Freiheiten (z.B. Streit um Gerichtsbarkeiten; Anteil- und Nutzungsrechte; Abgaben, Lehens- und Zehntenrechte; Rechte, Beamte und Behörden zu wählen)

- Schadenersatzforderungen

- Streitfälle um Geld, Forderungen oder Schulden.

Mit der Zeit nahm die Tendenz des Staates zu, privatrechtliche und religiöse Konflikte vor ordentlichen Gerichten austragen zu lassen: Der Staat gewann Macht, indem er die Anwendung von Recht als Monopol durchsetzte.

Vorteile und Bedingungen des Schiedsgerichtes

Eine Verhandlung vor dem Schiedsrichter war in der Regel bei weitem billiger als ein ordentlicher Prozess. Schiedsrichter wurden meist nicht bezahlt. Das hatte zur Folge, dass man nicht selten Streitfälle, die den Gerichten zur Beurteilung vorbehalten waren, auch einem anerkannten Schiedsrichter vorlegte.

Ein schiedsgerichtliches Urteil konnte nicht an eine andere Instanz weitergezogen werden (Appellieren war allerdings bis ins 15. Jahrhundert auch im Gerichtswesen wenig verbreitet). Vor dem Urteil verpflichteten sich die Parteien auf loyales Einhalten des Spruchs, wobei nicht selten Sanktionen (meist Geldbussen oder das Stellen von Geiseln) vereinbart wurden. Auch der Schiedsrichter schützte sich mit Garantiebriefen gegen den allfälligen Zorn der unterlegenen Partei. Die letzte Sanktion gegen einen Kontrahenten, der den Spruch nicht annahm, war Pfändung oder Selbsthilfe, woraus dann ein Krieg entstehen konnte.

Zu Beginn des Verfahrens verpflichtete sich der Schiedsrichter eidlich auf ein unparteiisches Verhalten. Das Verfahren konnte mündlich und schriftlich durchgeführt werden. Die Parteien formulierten Forderungen und Streitpunkte zum Beispiel in einer Rechtsschrift und konnten anschliessend die Argumente auch mündlich vortragen. Eine bedeutende Rolle spielte der Zeugenbeweis; die Zeugen sagten unter Eid aus.

In den Anlassbriefen, einer Art Urkunde, die die Kontrahenten, den Streitgegen-
stand und den oder die Schiedsrichter nannte, war in der Regel eine Frist ge-
setzt, innerhalb derer der Schiedsrichter zu entscheiden hatte.

Institutionelle Schiedsgerichte

Die frühen Bundesbriefe enthalten meistens Abmachungen, die in Streitfällen ein
schiedsgerichtliches Verfahren vorsahen; die Abmachungen wurden im Laufe der
Bundesentwicklung immer präziser (vgl. die Texte im Wortlaut, S. 103 ff.).

So waren im Bund der drei Waldstätte von 1291 nur die allerwichtigsten Grund-
sätze festgelegt, die einen Streit unter den Partnern verhindern sollten. Die
Organisation des Schiedsgerichtes wurde nicht näher umschrieben. "Angesehene
und weise Männer" sollten die Vermittlung übernehmen. Gleiches gilt für den
Bund von 1315 und jenen mit Luzern 1332.

Erst im Bund mit Zürich 1351 wurde gemäss der Praxis der habsburgischen Landfriedensbündnisse ein genaueres Verfahren festgelegt. Im Streitfall sollte jede
der Parteien zwei Schiedsrichter nach Einsiedeln senden. Diese sollten dann den
Fall einstimmig oder durch Mehrheitsbeschluss entscheiden. Bei Stimmengleich-
heit wählten sie einen fünften Mann (den sogenannten "Gemeinmann") aus der Eidgenossenschaft.

Im Bund mit Bern 1353, in dem man dem burgundischen Wahlmodus folgte, wurde der
Obmann von der Klägerpartei selbst aus der Partei des Beklagten gewählt. Das
führte zu einem kollektiven Schiedsgericht mit einem Obmann.

Es gab auch andere Zusammensetzungen von Schiedsgerichten:

- den Einzelschiedsrichter

- das kollektive Schiedsgericht, das durch eine bestehende Behörde (Rat,
  Tagsatzung) gebildet wurde.

Zu Schiedsrichtern und Obmännern wurden angesehene Politiker und Geistliche be-
stellt, gelegentlich auch Angehörige hoher Adelshäuser. Hatten die Schiedsrichter Erfolg, so konnten sie zu gesuchten und vielbeschäftigten Schlichtern werden, wie etwa der Berner Schultheiss Sebastian Hofmeister, den man im Bereich
der ganzen Eidgenossenschaft, im Elsass und in Süddeutschland anforderte.

Im institutionellen Schiedsgericht musste die schwächere Partei öfters Benach-
teiligungen in Kauf nehmen; so finden wir z.B. in Bundesbriefen, dass die
schwächere Partei weniger Schiedsrichter stellt als die stärkere. Interessant
ist aber, dass die eidgenössischen Orte in Konflikten mit ihren Untertanenge-
bieten (Gemeinen Herrschaften) Schiedsgerichte einsetzten, obschon sie ihren
Machtstandpunkt auch mit Gewalt hätten durchsetzen können (vgl. Grüninger Handel 1441).

Formen der Schlichtung

Drei Formen der Schlichtung sind zu unterscheiden:

- Streiterledigung in Minne (Vergleich, gütliche Einigung)

- Streiterledigung nach Ermessen des Schiedsrichters (sogenanntes freundliches Recht)

- Streiterledigung nach Recht.

Am beliebtesten war die erste Form, die zweite kam selten vor. Beim Urteil nach Recht wurde in der Regel auf lokales Recht, auf Herkommen, d.h. traditionelles Gewohnheitsrecht, abgestellt. Wo Urkunden vorlagen, spielte der Urkundenbeweis eine wichtige Rolle; das hatte zur Folge, dass schiedsgerichtliche Urteile einen Hang zu konservativer Rechtsanwendung hatten. Im Streit mit Oesterreich gaben die Schiedsgerichte mehrheitlich den Habsburgern Recht, weil sie häufig ihren Anspruch urkundlich beweisen konnten, während die eidgenössischen Orte ihren Drang nach politischer Lösung nicht mit Rechtstiteln zu untermauern vermochten.

Eine Begründung des Urteils wurde vom Schiedsrichter nicht verlangt.

Sanktionen

Die Bundesbriefe enthielten genaue Hinweise, wie vorzugehen war, wenn eine Partei den Schiedsspruch nicht akzeptierte. Die Autorität des Rechts wurde dadurch gesichert, dass die am Streit nicht beteiligten Bundesglieder zu Sanktionen herangezogen werden konnten. Die bekanntesten Fälle solcher Exekution durch Bundesmacht waren der Zugerhandel 1405/06 und der Alte Zürichkrieg 1437-50. Gelegentlich verhinderte die Angst vor den anfallenden Kosten eine entschlossene Sanktion, so etwa im Konflikt der Appenzeller mit dem Abt von St. Gallen in den 1420er Jahren.

Verpflichtung zur Neutralität

Da mit dem Wachsen der Eidgenossenschaft ein Uebergewicht der Städte entstand, verpflichtete man neue Bundesgenossen, im Streitfall zwischen Eidgenossen eine neutrale Stellung einzunehmen. So hatten z.B. Luzern und die Zugewandten Mülhausen und Rottweil bis zur Vermittlung in einem Streitfall zwischen Eidgenossen neutral zu bleiben, mussten sich aber nach erfolgloser Vermittlung der Mehrheit anschliessen und Sanktionen mitmachen. Schaffhausen, Basel, Appenzell und der zugewandte Ort Stein am Rhein hatten die Pflicht, in jedem Fall Neutralität zu wahren. Sie waren deshalb besonders geeignet, eine Vermittlerrolle zu spielen.

3.3. WIRKUNGEN DES SCHIEDSGERICHTES

Schiedsgerichtliche Verfahren hatten eine deutlich friedenssichernde Wirkung, was sich vor allem bei Konflikten zwischen Bundesgliedern auswirkte. Auch wenn Schiedsverfahren oft erst nach einem Waffengang eingeleitet wurden, so sind doch auch die Beispiele zahlreich, wo durch sie grössere blutige Auseinandersetzungen vermieden werden konnten.

In aussenpolitischen Händeln war das Schiedsgericht weniger erfolgreich.

Missachtung des Schiedsspruchs kam nicht selten vor, doch darf man sich von der geschichtlichen Ueberlieferung nicht täuschen lassen: Die Chronisten notierten eher die Fälle, da dem Schiedsspruch nicht nachgelebt wurde, als die weniger spektakulären Fälle der erfolgreichen Konfliktsregelung. Auch bestechliche Schiedsrichter tauchten gelegentlich auf, doch nicht so häufig, dass dadurch die Institution in der öffentlichen Meinung herabgesetzt worden wäre.

Das Schiedsgericht leistete einen Beitrag zur Ablösung der Eidgenossenschaft vom Heiligen Römischen Reich, weil man mit dem Schiedsgericht das Reichsgericht umgehen konnte. Auch zur Ausbildung der regelmässigen Tagsatzung trug diese Institution wesentlich bei.

Tag in Luzern.

3.4. DIE HABSBURGER KÖNIGIN AGNES ALS VERMITTLERIN UND FRIEDENSSTIFTERIN

Allgemeines

In der ersten Hälfte des 14. Jahrhunderts, der grossen Zeit der Landfriedensbündnisse, entfaltete die Habsburgerin Agnes, Königin von Ungarn, die seit 1316
hauptsächlich in Königsfelden residierte, eine reiche friedensstiftende Tätigkeit. Nutzniesser waren nicht zuletzt die eidgenössischen Städte und das
schweizerische Mittelland; ihnen blieb durch diese Vermittlung viel Krieg er-
spart.

Wichtig ist, dass Königin Agnes mit Erfolg zwischen den grossen Städten Bern
und Zürich (auch Basel, Strassburg sowie kleineren Städten wie Freiburg und
Schaffhausen) einerseits und den Habsburgern andererseits vermittelte.

Ihre Tätigkeit straft die weitverbreitete Meinung Lügen, dass im 14. Jahrhundert zwischen Habsburg und den schweizerischen Städten eine grundsätzliche
Feindschaft bestanden habe. Es wird im Gegenteil sichtbar, dass Agnes zu den
führenden Geschlechtern, wie z.B. den Bubenberg, gute Beziehungen unterhielt
und gerade durch ihre Vermittlertätigkeit eine politische Konsolidierung dieser
Orte ermöglichte.

Gleichzeitig lässt sich am Beispiel der Agnes die Landfriedensidee und die
schiedsgerichtliche Tätigkeit konkretisieren. Zudem kann mit ihr eine Frau in
bedeutender politischer Funktion vorgestellt werden. Das soll nicht zu einem
neuen adligen Personenkult führen, aber vielleicht mithelfen, das einseitige
Habsburgerbild etwas zu korrigieren.

Für den Lehrer könnte es reizvoll sein, zu verfolgen, in welchem Mass die spä-
tere Chronistik (seit Aegidius Tschudi) und die mit Johannes von Müller begin-
nende nationale Geschichtsschreibung diese Frau schlecht gemacht haben, um ihr
von Hass und Ablehnung geprägtes Habsburgerbild zu kultivieren.

Königin Agnes vermittelt als Schiedsrichterin im Laupenkrieg

Wir greifen ein Beispiel aus der bernischen Geschichte heraus und wählen die
Zeit kurz nach 1300, als Bern daran war, die ersten Gebiete im Simmental, Oberland und Aaretal zu erwerben.

Um 1300 lagen im Gebiet um Bern noch Herrschaften grösserer Adliger. Einzelne
bedeutende Adelsgeschlechter wie die Savoyer, Kyburger und Habsburger versuchten, durch Kauf, Heirat und Eroberung den Besitz kleinerer Adliger an sich zu
bringen und ein zusammenhängendes Herrschaftsgebiet (ein sogenanntes Territorium) zu bilden.

Eine ähnliche Rolle spielten die Städte, die als wirtschaftliche Zentren ebenfalls den Versuch machten, die Landschaft der Umgebung zu kontrollieren. In
Bern geschah dies vor allem dadurch, dass Adlige der Umgebung in der Stadt
Wohnsitz nahmen und in der Politik eine Rolle spielten, gleichzeitig aber weiterhin ihre Güter auf dem Land bewirtschaften liessen.

Gelegentlich kaufte die Stadt auch ein Gebiet oder löste eine Pfandschaft ein. Wenn ein Adliger verarmte, konnte er einen Teil seines Besitzes verpfänden: Ein Geldgeber lieh ihm dafür eine Summe Geldes und erhielt dafür die Einkünfte aus dem verpfändeten Gebiet, bis der Adlige die Schuld zurückzahlte. Konnte er nicht mehr zurückzahlen, so wurde der Verkauf vereinbart.

Die Adligen der Umgebung von Bern, die sich nicht der Stadt anschliessen wollten, und die Stadt Freiburg, die mit Bern rivalisierte, sahen nicht gerne, wie Berns Macht zusehends wuchs. Die Adligen organisierten ein grosses Bündnis gegen Bern, zu dem die Savoyer, die Habsburger, die Bischöfe von Lausanne und Basel, die Stadt Freiburg und viele kleinere Adlige gehörten. Auch Ritter aus dem Elsass und aus Süddeutschland gehörten dazu. Bern war von einer grossen Uebermacht eingekreist und musste befürchten, von Zufuhr und Handel abgeschnitten zu werden.

Gegen alle Erwartungen gelang es Bern, im Jahre 1339 bei Laupen einen Sieg gegen das Heer der Verbündeten zu erringen, wobei die Waldstätte den Bernern wertvolle Hilfe leisteten.

Die Feinde Berns bei Laupen	Die Verbündeten Berns bei Laupen

1	Jordan von Burgistein	Die Ausburger der Landschaft
2	Eberhard von Kyburg	Simmentaler unter Freiherr von
3	FREIBURG	Weissenburg
4	Graf von Greyerz	Haslitaler
5	Peter von Thurn	18 Ritter aus Solothurn
6	Graf Ludwig II. von der Waadt	innere Orte
7	Freiherr von Montenach	
8	Peter von Aarberg	
9	Gerhard von Valangin	
10	Imer von Strassberg	Den Verbündeten Berns, Murten
11	Rudolf von Neuenburg	und Biel, war von ihren Herren
12	Rudolf von Nidau	(Savoyen, resp. Bischof von
13	Senn von Münsingen, Bischof von Basel	Basel) die Teilnahme verboten.
14	Jean de Rosillon, Bischof von Lausanne	Solothurn konnte wegen der
15	Oesterreichische Ritter aus dem Elsass und aus Schwaben	Habsburgergefahr nicht mittun.

Bern zur Zeit des Laupenkrieges 1339

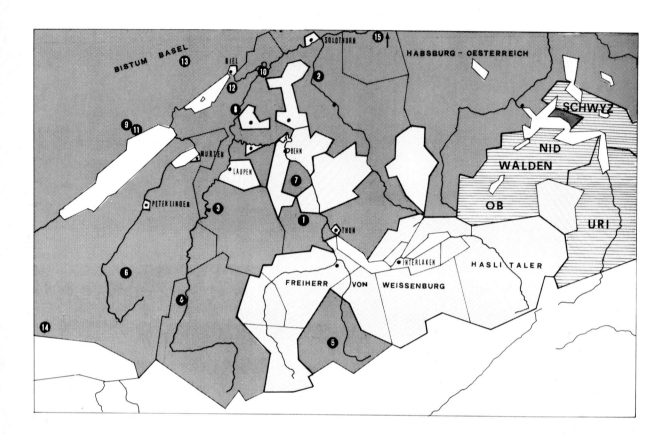

Doch auch nach der Schlacht ging der Kleinkrieg weiter, in dem viele Höfe und
Felder verwüstet und Vieh und Habe gestohlen wurden. Bern hätte einer solchen
Uebermacht nicht längere Zeit standhalten können und war deshalb an einem ra-
schen Frieden interessiert. Da traf es sich günstig, dass Schultheiss Bubenberg
die Königin Agnes kannte und sie als Vermittlerin gewinnen konnte. Da ihr Bruder Albrecht II. auf der Gegenseite beteiligt war, wurde sie als Vermittlerin
von Berns Feinden ohne weiteres anerkannt.

Im August 1340 trafen Abgesandte aller Parteien in Königsfelden ein, um ihre
Anliegen zu vertreten und den Spruch der Königin entgegenzunehmen. Die Königin
hörte alle Parteien an, stellte Fragen zu einzelnen Punkten und schlichtete
nach wenigen Tagen folgende Konflikte:

- zwischen   Herzog Albrecht von Oesterreich   und Bern

               Freiherr von Weissenburg   und Bern

               Eberhard von Kyburg   und Bern

               Graf Peter von Aarberg   und Bern

- Zwischen Nidau und Bern sollte Herzog Albrecht vermitteln, weil Rudolf
  von Nidau in der Schlacht umgekommen war und nur einen minderjährigen
  Sohn hinterliess.

- Die kleineren Händel sollten durch örtliche Schiedsgerichte geregelt
  werden.

Der Krieg wurde mit folgenden Bestimmungen beendet:

- Aller Totschlag, Raub, alle Brandstiftung und Heimsuchung während des
  Krieges sollen gegenseitig als abgetan gelten.

- Keine Partei hat das Recht, von der anderen Schadenersatz zu verlangen.

- Die Gefangenen auf beiden Seiten sollen freigelassen werden. Sie sollen
  kein Lösegeld zahlen, sondern nur für ihre Verpflegung aufkommen.

- Bern musste sich verpflichten:
  "daz si der egenannten herren noch ir diener lüte nit ze burgeren nemen
  noch empfahen süllen, die derselben herren oder ir diener Eigen, Lehen
  oder ir vogtlüte sint" (Liebenau, Dokumente, S. 77).
  D.h.: Bern musste darauf verzichten, Untertanen seiner ehemaligen Gegner
  als Burger in die Stadt aufzunehmen.

Auch zwischen Freiburg und Bern brachte Agnes einen Frieden zustande, der durch
ein Bündnis ergänzt wurde. Zwar war damit das Konkurrenzverhältnis zwischen den
beiden Städten nicht für alle Zeiten beendet. Im Sempacherkrieg und nochmals
1448 bekämpfte Bern - nun deutlich als Angreifer - die Stadt, bevor mit der
Aufnahme Freiburgs in den Bund der Eidgenossen definitiver Friede einkehrte.

Für Bern am wichtigsten war Friede und Bündnis (auf 10 Jahre) mit Albrecht II.
von Oesterreich, dem Bruder der Königin Agnes. Dieser Friede hatte für eine
ganze Generation Bestand. Albrecht und Agnes feierten ihn mit grosszügigen
Schenkungen an Klöster und Kirchen.

Diese Vermittlung, der noch manche weitere folgten, zeigt uns, dass Bern, und
auch andere Städte und Orte der Eidgenossenschaft, keine tödliche Feindschaft
mit Habsburg pflegten, sondern im Gegenteil an einem Auskommen interessiert
waren. Friedliche Verhältnisse waren besser geeignet, die Macht Berns und Zürichs wachsen zu lassen.

Zeitgenössische Urteile über die Friedensstiftung der Königin Agnes 1340

Der Barfüssermönch Johannes von Winterthur

Die Friedensverträge wurden in Königsfelden geschlossen, wo Königin Agnes wohnte, die sich mit aller Kraft und ganzem Herzen dafür einsetzte, dass Frieden geschlossen würde, weil dieser ihr ein Herzensanliegen war und sie der Meinung war, es seien in dem Gemetzel der Schlacht genug Leute umgekommen und eine Fortsetung des Krieges müsste noch viel schlimmere Folgen haben (Original lateinisch).

Der Abt Johann von Victring

Es wäre unnütz, ihr Lob mehr auszuführen, da Sidonius sagt, es sei überflüssige Arbeit, den Ausgezeichneten Lob zu spenden, als wollte man denen, die im Lichte der Sonne wandeln, eine Fackel vortragen (zitiert nach Liebenau, Regesten Nr. 198).

Die heilige Agnes, Patronin der Königin Agnes. Sie hält die Märtyrerpalme und ein heiliges Buch in der Hand. Neben ihr steht das weisse Lamm als Symbol Christi und als ihr Attribut.

3.5. ARBEITSMOEGLICHKEITEN ZU KAPITEL 3: VERMITTLUNG UND SCHIEDSGERICHT

Uebersicht
_____

In diesem Abschnitt wird eine arbeitsteilige Gruppenarbeit zum Thema "Laupen-krieg" vorgeschlagen, die den Schülern Gelegenheit gibt, in selbständiger Ar-beit einen Beitrag zu einem gemeinsamen Resultat beizutragen.

Natürlich können die Themen auch anders und nur in Auswahl bearbeitet werden.

Gruppe	wie?	was?	Schüler-material	Lehrerinformation
A	einen Konflikts-verlauf anhand von Texten/Bil-dern erfassen/ ein Schema auf-stellen und er-läutern	Ablauf des Konflikts um Laupen nachvoll-ziehen	A 37/38	S. 131-133
B	Kartenarbeit	Gegner Berns und seine Bündnispart-ner darstellen	A 39/40	S. 122-124
C	Biographie lesen	Lebensgeschichte der Agnes präsentieren und lebendig werden lassen	A 35/36	S. 122; 129
D	Systematisieren	Friedensbedingungen darstellen	A 41	S. 124/125
E	Zusammenfassen	Gewinn für Bern dar-stellen	A 42	S. 125; 130

In allen Gruppen soll dem Vermittlungsaspekt genügend Aufmerksamkeit geschenkt werden: Wie müssen wir vorgehen, dass die anderen Mitschüler unsere Ergebnisse verstehen?

Hinweise zur Gruppenarbeit

Die Biographie sollten alle Gruppen bekommen, die übrigen Arbeitsblätter sind jeweils für eine Gruppe bestimmt. Es ist auch denkbar, den Schülern Teile aus der Lehrerinformation zur Verfügung zu stellen.

Das Ziel der Gruppenarbeit ist erreicht, wenn es den Gruppen gelingt, den Mitschülern klare Resultate in übersichtlicher Form zu vermitteln.

Auf die Darstellung der Ereignisse für die Schüler wird hier verzichtet; sie ergeben sich aus der Lehrerinformation.

Didaktische Begründung des Beispiels "Laupenkrieg"

Es mag auf den ersten Blick erstaunen, den Laupenkrieg, dieses erste Prunkstück militärischer Bewährung Berns, im Kapitel über das Schiedsgericht dargestellt zu finden.

Wer aber die historischen Zusammenhänge etwas tiefschürfender überlegt, wird finden, dass an diesem Krieg nicht der Sieg, sondern die anschliessende Vermittlung das wahre Kunststück war.

Bern hätte einen längeren Kleinkrieg in seiner Landschaft kaum lange ausgehalten. Die Chance, mit Oesterreich in ein friedliches Verhältnis zu kommen, schuf erst die Voraussetzung für die Konsolidierung der errungenen Machtstellung.

So rücken wir denn bewusst den Friedensschluss und dessen Stifterin in den Mittelpunkt und lassen die Kriegsereignisse im einzelnen beiseite. Den Frieden zu gewinnen ist eine grössere Leistung als jeder Sieg in einer Schlacht.

Als Alternative zur herkömmlichen Kriegsgeschichte bieten wir eine Unterrichtssequenz an, in der modellhaft etwas zur Konfliktsentstehung und zum Konfliktsverlauf gesagt wird. Der aufgewecktere Schüler könnte daran lernen, dass Krieg in ein kompliziertes Netz von Vorbereitungs- und Provokationshandlungen eingebunden ist und dass es an mehr als einem Ort die Möglichkeit gäbe, die gewaltsame Auseinandersetzung zu verhindern. Warum das so häufig in der Geschichte nicht geschehen ist, muss zu den immer wiederkehrenden Grundfragen des Unterrichts in Geschichte gehören.

Das Verständnis für die schiedsrichterliche Tätigkeit soll auf einem Umweg über die Biographie der Habsburgerfürstin gewonnen werden. Das Lebensschicksal dieser Frau bietet Informationsmöglichkeiten an, die wertvoller und prägender sind als der an sich naheliegende Vergleich mit dem Schiedsrichter im Sport.

Natürlich ist kein adliger Personenkult beabsichtigt; die biographischen Angaben sind deshalb auf das Thema hin stark verkürzt wiedergegeben.

Man soll grosse Persönlichkeiten der Geschichte nicht einfach zu Helden machen. Königin Agnes' Tätigkeit war gewiss auch von persönlichen Interessen bestimmt: Sie förderte "ihr" Kloster und unterstützte die Politik ihrer Brüder Friedrich

und Albrecht von Habsburg; aber sie hatte erkannt, dass ihnen mit einer frie-
densstiftenden Politik der Bündnisse besser gedient war als mit Kriegen und Gewalt.

Dadurch half sie mit, in einer immer noch sehr kriegerischen Zeit die Lebensbe-
dingungen der niedern Leute zu verbessern, die durch den Krieg am meisten zu
leiden hatten.

Gleichzeitig ermöglichte dies den Städten Bern und Zürich, aber auch kleineren
Orten, ihre Selbständigkeit zu bewahren und weiter auszubauen.

Gebet im Berner Münster vor dem Auszug nach Laupen.

Zur Bedeutung des Laupenkrieges für Bern und die Westschweiz

Der Laupenkrieg von 1339 ist in die Geschichte als wichtige Entscheidung einge-
gangen, bei der es um Sein oder Nichtsein einer unabhängigen Stadt Bern ging.
In der Tat sicherte sich Bern mit der erfolgreichen Kriegsführung die Möglichkeit, in der Westschweiz den eigenen Einfluss auszuweiten und in diesem Gebiet
die wichtigste Macht zu werden (s. dazu auch das 3. Hauptkapitel).

Im Laupenkrieg lassen sich brennpunktartig einige wesentliche Probleme der damaligen politischen Lage erfassen:

   1. Der Versuch grosser Adelshäuser, durch Erweiterung bestehender Rechte
      und Zukauf neuer Rechte geschlossene Herrschaftsgebiete (Territorien) zu
      bilden.
      Dies betrieben die Habsburger mit Erfolg im Gebiet des schweizerischen
      Mittellandes und an den Passrouten.

   2. Der Versuch der kleinen, sich zunehmend verschuldenden Adligen, durch
      Verbindung mit einem grösseren Adelshaus die eigene Macht zu wahren und
      den zunehmenden Einfluss der Städte einzudämmen.

   3. Die Tendenz der Städte, sich ebenfalls ein geschlossenes Herrschaftsge-
      biet anzueignen.

Der kleine Adel konnte - weil er ausschliesslich von landwirtschaftlichen Er-
trägen lebte - im Lebensstil mit dem Hochadel und dem Bürgertum der Städte
nicht mehr mithalten, wenn er nicht durch Eroberungen seine Einkünfte aufbes-
sern konnte.

Für den kleinen Adel gab es daher zwei Möglichkeiten zu überleben:

   1. Sich einem hochadligen Geschlecht anzudienen, um in den Dienstadel auf-
      genommen zu werden.

   2. In einer Stadt Wohnsitz zu erwerben und dort für die Kriegsführung oder
      für politische Führungsaufgaben bereit zu sein.

In Bern fanden viele Adlige Unterschlupf, so dass sich hier eine breite patri-
zische Schicht herausbildete.

Der Laupenkrieg war einer der letzten grossen Versuche des lokalen Adels, die
Durchsetzung von Herrschaftsrechten in der Westschweiz gegen Bern zu bewahren
oder sogar noch auszubauen. Dass dabei die Stadt Freiburg auf Seite der habs-
burgisch-adligen Koalition stand, hat mit der wirtschaftlichen Rivalität und
dem berechtigten Bedenken Freiburgs zu tun, Bern gegenüber an Einfluss zu verlieren.

Bern konnte sich auf die Dauer gegen eine so weitverzweigte Uebermacht nicht
halten und suchte deshalb sehr dezidiert einen friedlichen Ausgleich. Dass dabei Königin Agnes als Vermittlerin akzeptiert wurde, beweist, dass von einem
"säkularen" Gegensatz zwischen Bern und Habsburg nicht die Rede sein konnte.
Agnes hatte den Ruf einer neutralen Instanz, doch verleugnete sie die berechtigten Interessen ihrer Brüder ganz gewiss nicht.

Erläuterungen zu A 35 - 41

Vom Krieg zum Frieden

1	Vorgeschichte/ Konfliktsentwicklung	Bern erwarb Laupen 1324 und zog damit Neid und Feindschaft des Rivalen Freiburg auf sich.

2	Provokation/ Verwüstungszüge	Unter dem Vorwand, Bern verweigere die Zahlung der Reichssteuer (über Kaiser Ludwig war damals der Kirchenbann verhängt), unternahmen die unter Freiburgs Führung stehenden Feinde Verheerungszüge in bernische Gebiete.
3	Solidarisierung der Gegner	Freiburg nahm ohne Einwilligung Berns drei seiner Verbündeten ins Burgrecht auf: die Grafen von Kyburg, Aarberg und Nidau.
4	Eskalation (Vergeltungsschläge/Kriegserklärungen)	Berns misslungener Vergeltungsschlag wurde als Grund für das Absenden von Absagebriefen (= Kriegserklärungen) benutzt.
5	Belagerung gegnerischer Stützpunkte	Kaiser Ludwig unterstützte die Kriegsabsichten des burgundischen Adels und der Habsburger gegen Bern. Laupen wurde mit einem Grossaufgebot belagert.

6 Entscheidungs-   In der Schlacht unterlagen die
   schlacht   Feinde Berns gegen alle Erwar-
                        tungen.

7 Kleinkrieg als Fort- Nach verlorener Schlacht ver-
   setzung   suchten die immer noch mächti-
                        gen Feinde, Berns Wirtschafts-
                        kraft durch Verwüstungszüge und
                        die Behinderung von Handel und
                        Verkehr zu schwächen.

8 Erneute Vergeltung   In Form von Heimsuchungen übte
                        Bern mit "wüsten und brennen"
                        Vergeltung an seinen Feinden.

9 Einsicht in die Sinn- Die materiellen Verluste, der
   losigkeit des Krieges drohende wirtschaftliche Rück-
                        schlag und die Aussichtslosig-
                        keit, den Gegner je besiegen zu
                        können, machte allmählich die
                        Sinnlosigkeit einer kostspieli-
                        gen Fortsetzung des Krieges al-
                        len Beteiligten offenbar.

10 Waffenstillstands-   Am 29. Juli 1340 kam ein Waf-
   vereinbarungen   fenstillstand für zehn Tage zu-
                        stande. Vermittler war der
                        österreichische Ritter von El-
                        lerbach.

11 Schiedsgerichts-   Anfangs August 1340 hörte Köni-
   verhandlungen   gin Agnes die Vertreter der
                        zerstrittenen Parteien an und
                        fällte am 9. August verschiede-
                        ne Schiedssprüche.

12 Friedensverträge/   Im Anschluss an die Annahme des
   neue Bündnisse   Schiedsgerichtsentscheids wur-
                        den Friedensverträge und neue
                        Bündnisse geschlossen.

(Bildlegenden siehe auf A35)

Schematisches Konfliktsmuster

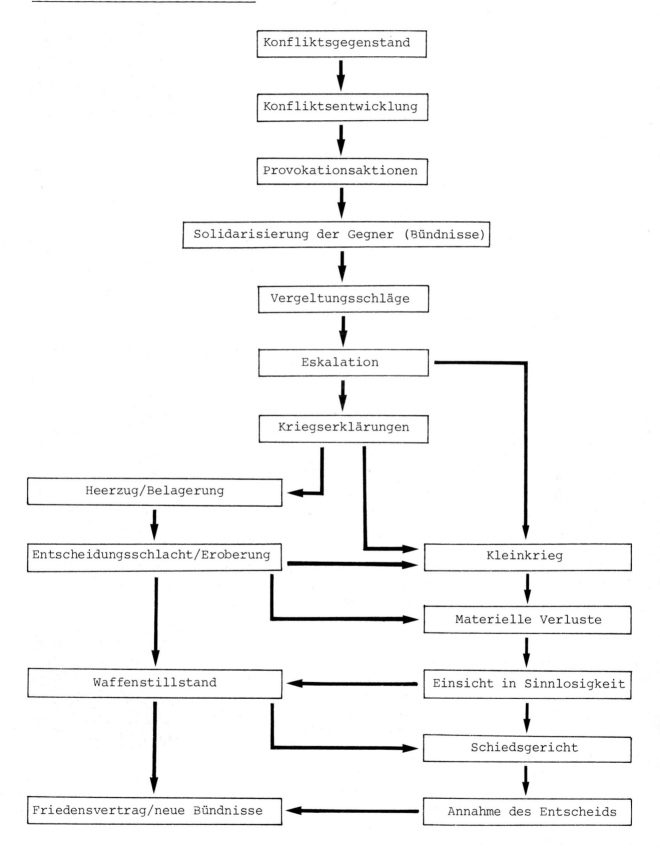

Weitere Möglichkeiten zum Thema Schiedsgericht

Im Zusammenhang mit dem Schiedsgerichtsthema sind auch schon andere Themen mit Erfolg ausprobiert worden:

- Besprechen von Schiedsgerichtsartikeln in verschiedenen Bündnissen (vgl. A 31 - 33).

- Schülergruppen erarbeiten je eine Darstellung eines historischen Konfliktes, der schliesslich durch ein Schiedsgericht beigelegt wurde. Folgende Schiedsgerichtsfälle eignen sich, sind jedoch anspruchsvoll:

  - Der Zuger Handel 1404/05 (in: Kopp, Der erste Bürgerkrieg der Eidgenossen 1404, in: Helvetia VI, Aarau 1830, S. 1-32).
  - Die Fehde zwischen Bern und dem Bistum Basel (in: Feller I, S. 171 - 173).
  - Schiedsgerichtliche Tätigkeit Berns im Grüninger Handel 1441 (in: A. Largiadèr, Untersuchungen zur zürcherischen Landeshoheit, Zürich 1920; s. auch "Aus der frühen Schweizer Geschichte 2. Um 1500", Kapitel "Obrigkeiten und Untertanen").

- Die Schüler stellen historische und aktuelle Formen von Konfliktlösungen dar (Pantomime, Rollenspiel).

- Gegenwartsbezug:

  - Vermittlung bei Streit unter den Schülern (andere Kinder, Eltern, Lehrer als Schiedsrichter).
  - Die Rolle des Schiedsrichters im sportlichen Spiel.
  - Aktuelle Vermittlerfunktionen von Politikern zwischen verfeindeten Staaten; der internationale Gerichtshof in Den Haag.
  - Was bedeutet "Frieden machen" in der Familie, in der Politik?

Eidgenössische Boten legen durch Schiedsspruch, der in
Zofingen verkündet wird, einen Grenzstreit zwischen
Bern und Solothurn bei (1498).

A 24

BRAND VON SITTEN IM OKTOBER 1418

RAUBERNTE DER BERNER VOR FREIBURG (1388)

NACH EINEM ZUG DER BERNER INS GEBIET DER SAVOYER (1333)

BRANDSCHATZUNG VON KONSTANZ (1458)

DIE FEHDE UND IHRE AUSWIRKUNGEN

Arbeitsaufträge zu den Bildern A 24 - A 27:

Fragen	Antworten
1. Auf diesen alten Darstellungen aus Chroniken sind verschiedene Arten der Gewaltanwendung zu erkennen. Beschreibe, auf welche Weise den Angegriffenen Schaden zugefügt wurde.	
2. Ueberlege, welche Beweggründe Fehden und Kleinkriege ausgelöst haben konnten.	
3. Ueberlege, welche Leute am meisten litten und welche Gefühle das bei ihnen ausgelöst haben mochte.	
4. Welche Auswirkungen hatten Raub und Plünderung für die Betroffenen?	
5. Versuche, dich in die Lage der Geschädigten zu versetzen. Ueberlege und diskutiere, wie diese sich gegen weitere Gewalttätigkeiten zur Wehr setzen oder schützen konnten. Schreib das Ergebnis auf.	
6. Wähle eines der Bilder aus und beschreibe das dargestellte Geschehen so, als wärst Du selbst als Zuschauer und Zuhörer dabei gewesen.	

A 29

UEBERFALL AUF DAS KLOSTER EINSIEDELN DURCH DIE SCHWYZER

Längst war die Sonne untergegangen, am Himmel glänzten die Sterne; da stellte die zu Untaten bereite Schar sich auf. Ungefähr um Mitternacht besetzten sie alle Zugänge zum Kloster.

Dann stürmen mehrere Scharen die Gebäude und verheeren das Haus. Der Wolf bricht in den Schafstall ein. Niemand leistet ihnen Widerstand, niemand befreit uns oder kämpft für uns. Sie verlangen keine Schlüssel zu den Kammern, den Zellen und Sälen, sie brechen die Türen ohne Schlüssel auf. Kein Schloss ist so stark, keine Türe ist so mächtig, kein Riegel fest genug, ihnen zu widerstehen. Unter Krachen öffnen sie Truhen und Schränke, und machen auch vor den heimlichsten Orten nicht halt. Sie tragen unsere Bücher, Kleider und unser Bettzeug weg und alles andere, was sie gebrauchen können. Sie schleppen weg, was wir gesammelt und gespart haben, und die heiligen Gegenstände zerbrechen sie frech mit Schuhtritten. Kaum haben sie Zimmer und Zellen durchsucht, dringen sie in die Klosterkirche ein. Mit Aexten und grossen Holzstämmen rammen sie die Kirchentür; auch eiserne Türpfosten müssen dem Ansturm weichen.

Die Hostie zerstreuen sie und treten sie mit Füssen, die gotteslästerliche Tat schreit zum Himmel. Hierauf schleppen sie Kelche, Kelchtücher, Altartücher, Chormäntel, Messgewänder und Bücher weg; überhaupt alles, was der Priester beim Gottesdienst nötig hat. Auch die Reliquienschreine, die mit Gold und Edelsteinen geschmückt sind, die Leuchter und das Rauchfass tragen sie weg. Die Altartücher rauben sie und reissen die Flügel des Hochaltars aus den Angeln.

Die Gebeine der Heiligen, die im Frieden da ruhten, die von jedem Christ, wie es sich gehört, verehrt werden, wagen sie mit ihren befleckten Händen aus ihrer Ruhe herauszureissen und auf dem Boden zu zerstreuen.

Sie rauben, was ihnen von Nutzen ist, und lassen nichts Kostbares wissentlich zurück. Und noch Schlimmeres vollbringen sie; aber ich schäme mich, es beim Wort zu nennen: Nach ihrem unsinnigen Tun trinken sie, über die Massen erhitzt, von unserem Wein. Bald sind sie berauscht und beschmutzen nun die Kirche mit ihrem Kote und jeder lässt seinen Urin und denkt nicht daran, dass er im Heiligtum ist. Alle Vernunft haben sie verloren, der menschliche Verstand ist von ihnen gewichen, das Feuer des Teufels treibt sie an.

(Nach Rudolf von Radegg, 1304-1327 Schulmeister des Klosters Einsiedeln: Es handelt sich um Ausschnitte in vereinfachter Sprache aus einem längeren Gedicht, in dem auch der Ueberfall von 1314 dargestellt ist.)

A 30

VERTRAG DER STADT BERN MIT ULRICH VON MONTENACH

Ich, Uolrich von Montenach, herre ze Belpe, tun kunt, das ich mit allen den burgeren und der gemeinde von Berne umbe der misshelle, die si und ich sament hatten, bin gericht und versünt luterlich, als hienach ist geschriben:

- Bim ersten, das ich allen schaden, den die burger von Berne an miner burg ze Belpe, die si brachen, mir hant getan, han lidig verlazen.

- Dieselben burg von Belpe sol ich nit buwen inrunt den nechsten 5 jaren, wan mit willen und urloube der gemeinde von Berne.

- Ich bin och ze Bern burger geworden und han gesworn von nu hin inrunt den nechsten 20 jaren von demselben burgrecht nit ze ganne

- und han ouch gesworn den burgern von Berne mit minen festinen ze helfenne wider menlichen als ir burger.

- Were aber, daz ich von minem schulden von dem burgrechte inrunt denselben zwenzig jaren gienge, so sol das udel, das ich ze Berne han, beliben umbe 100 pfunt den burgern und der gemeinde von Berne.

Erklärungen:	kunt	kundtun, mitteilen
	misshelle:	Misshelligkeiten, Streit
	sament	zusammen
	bin gericht	ich bin übereingekommen
	versünt	versöhnt
	luterlich	aufrichtig, ehrlich
	han lidig verlazen	ich habe ihn als erledigt betrachtet
	inrunt	innert
	urloube	Erlaubnis
	von demselben burgrecht nit ze ganne	nicht aus dem Burgrecht "wegzugehen", diesen Vertrag nicht zu brechen
	wider menlichen	gegen jedermann
	udel	Einkaufsgeld der Burger

Fragen:

1. Was legt der Vertrag im einzelnen fest?
2. Was sagt er über die Vorgeschichte aus?
3. Was bringt er dem Freiherrn von Montenach für Vorteile?
4. Welche Vorteile bringt er der Stadt Bern?
5. Wer zieht mehr Vorteile aus dem Vertrag? Warum wohl?

DER BUND DER STAEDTE BERN UND FREIBURG VON 1243

1. Solange die Städte Bern und Freiburg bestehen, sind sie gehalten, zur Verteidigung ihrer Rechte und ihrer Besitzungen gegen alle Störenfriede gegenseitig Rat und Hilfe zu leihen.

2. Wenn eine Stadt die andere aus irgendeinem Anlass schädigen sollte, soll sich die geschädigte Stadt nicht rächen, sondern in der anderen Stadt Klage erheben.
Wenn keine Lösung gefunden werden kann, sollen von beiden Städten Räte auf halbem Weg zusammenkommen, um Recht zu sprechen oder einen Vergleich (= gütliche Einigung durch einen Kompromiss) zustande zu bringen. Dieser Entscheid muss von beiden Parteien eingehalten werden.

3. Für die Schulden der Bürger einer Stadt soll die andere Stadt nicht eigenmächtig Bürger verhaften und ihr Gut beschlagnahmen, ohne vorher das Gericht angerufen zu haben.

Aufgaben:

Zu 1: - Wie lange soll der Vertrag gelten?
        - Was für "Störenfriede" können gemeint sein?
        - Was bringt die Hilfsverpflichtung für Vorteile?

Zu 2: - Zähle Vorteile einer solchen Konfliktslösung auf.
        - Kennst Du solche Konfliktslösungen auch in anderen Situationen?

Zu 3: - Warum war die "Schuldhaft" bis dahin vermutlich üblich?
        - Warum war sie wohl unbeliebt?
        - Welche Vorteile hat die neue Lösung?

A 32

DER BUNDESBRIEF VON 1291 (1)

Hilfeleistung

Alle sollen wissen, dass die Leute von Uri, Schwyz und Unterwalden in dieser unsicheren Zeit einander mit Rat und Tat, Leib und Gut helfen wollen, innerhalb und ausserhalb der Täler gegen jeden, der ihnen Unrecht zufügen will. Alle Bündnispartner wollen, wenn nötig, den anderen auf eigene Kosten zu Hilfe eilen.

Schiedsgericht

Wenn sich die Eidgenossen uneinig sind, sollen die Einsichtigsten unter ihnen den Streit zwischen den Parteien schlichten.

Rechtsvereinheitlichungen

1. Wer einen andern hinterlistig tötet, soll das Leben verlieren. Wenn er entweicht, so darf er niemals zürückkehren. Niemand in den drei Tälern darf ihn aufnehmen.

2. Wer einen Eidgenossen hinterlistig durch Brand schädigt, soll niemehr als Landsmann gelten.

3. Wenn ein Eidgenosse einen andern beraubt oder ihn irgendwie schädigt, so soll das Gut des Uebeltäters beschlagnahmt werden und daraus der Schaden gutgemacht werden.

4. Es soll niemand den andern pfänden, ausser er sei sein Schuldner oder Bürge, und auch dies nur mit Erlaubnis des Richters.

A 33

DER BUNDESBRIEF VON 1291 (2)

	Bund zwischen Bern und Freiburg (1243)	Bund zwischen Uri, Schwyz und Unterwalden (1291)

Aufgaben:
- Setze unter die Zeichnungen eine Bildlegende.
- Schreib in eigenen Worten auf, was in den beiden Bündnissen zu den Zeichnungen passt.
- Vergleiche die einzelnen aufgeführten Bestimmungen miteinander. Wo findest Du Uebereinstimmung?
- Was ist an den Bestimmungen des Bundesbriefes von 1291 neu?
- Was brachte der Zusammenschluss von 1291 für Vorteile?

DIE FORM DES BUNDESBRIEFES VON 1291

In nore dm Am.

homues vallis vranie

Vniuisras q3 vallis de swirz

ac gmuiras hom intramontanorú vallis inferioris

Actú Anno dm. m̃. cc̃. Lxxxx pmo. Incapiente mense Au gu sto

Aufgaben:

- Versuche die vergrösserten Ausschnitte zu entziffern und schrei-
  be auf, was Du lesen kannst.
- Wie ist es geschrieben? Warum macht das Lesen uns heute Mühe?
- In welcher Sprache ist es abgefasst?
- Was ist auf dem Siegel zu erkennen? Betrachte auch die andern
  Siegel auf A 32.

AUS DEM LEBEN DER KOENIGIN AGNES

Agnes wurde im Jahre 1280 im Aargau geboren. Ihr Vater war Graf Albrecht von Habsburg. Ihre Mutter Elisabeth war die Tochter eines Grafen aus dem Tirol. Ihr Grossvater, Rudolf von Habsburg, war damals deutscher König. Agnes hatte zwei ältere Geschwister, neun weitere folgten in den kommenden Jahren.

Als Agnes zweijährig war, wurde ihr Vater Herzog von Oesterreich und der Steiermark. Aus diesem Grund zog die Familie nach Wien. Agnes lernte Lesen, Rechnen, Schreiben und Musizieren, später wurde sie auch in Sprachen und Rechtskunde unterrichtet.

Im Jahre 1296, als Agnes noch nicht ganz sechzehnjährig war, wurde sie von den Eltern dem ungarischen König Andreas III. verlobt, der kurz zuvor seine erste Frau verloren hatte. Ein Jahr später wurde in Budapest Hochzeit gefeiert.

Töchter aus adligen Familien wurden damals oft dazu benutzt, Verbindungen zu andern Herrscherhäusern enger zu knüpfen. Agnes' Vater Albrecht, der in viele Kriege verwickelt war, suchte auf diese Weise den Frieden mit Ungarn.

Zur Hochzeit erhielt Agnes vom Vater eine wertvolle Aussteuer (heute würde man von einem Millionenbetrag sprechen), doch auch ihr Ehemann beschenkte sie: Sie erhielt die Stadt Pressburg mit Schloss, Grafschaft und allen dazugehörigen Einkünften. Agnes galt in ihrer Zeit als eine der reichsten deutschen Fürstinnen.

Ein Jahr später wurde ihr Vater zum Deutschen König gewählt. Weil aber viele Fürsten im deutschen Reich mit dieser Wahl nicht einverstanden waren, musste Albrecht viele Kriege führen.

Im Jahre 1301 starb Agnes' Mann im Alter von 36 Jahren. Die Königin von Ungarn war damals knapp 21-jährig und schon Witwe. Agnes verliess bald darauf Budapest und kehrte zu ihrer Familie nach Wien zurück.

In den folgenden Jahren begleitete Agnes ihren Vater auf Reisen an den Rhein, ins Gebiet der heutigen Schweiz, nach Süddeutschland und nach Prag.

1307 starb Agnes' liebster Bruder, Rudolf, ein Jahr später wurde ihr Vater wegen eines Erbschaftsstreites von seinem Neffen Johann ermordet. Viel Leid traf damit Agnes in kurzer Zeit.

Ihre Mutter stiftete für das Seelenheil des Vaters das Kloster Königsfelden bei Brugg.

Im Jahre 1314 wurde Agnes' Bruder Friedrich von einem Teil der

Kurfürsten zum Deutschen König gewählt; gleichzeitig wählten aber
seine Gegner Ludwig den Bayern in dasselbe Amt, woraus lange Kriege um den Königsthron entstanden.

Von der Niederlage ihres Bruders Leopold, der an der Schlacht am
Morgarten (1315) als Führer gegen die Eidgenossen beteiligt war,
vernahm Agnes noch in Wien. Im darauffolgenden Jahr begleitete sie
die Leiche ihrer Mutter nach Königsfelden, damit diese neben den
sterblichen Ueberresten ihres Vaters begraben werden konnte.

Von da an lebte Agnes meistens im Kloster Königsfelden. Sie blieb
Witwe und blieb so ihrem Gemahl auch über den Tod hinaus treu, wie
das damals von einer Frau erwartet wurde.

In der Zeit von 1316 bis zu ihrem Tod im Jahre 1364 wurde Agnes zu
einer der geachtetsten Persönlichkeiten weit und breit.
Agnes verwendete viel Zeit und Kraft für den Ausbau des Klosters
Königsfelden, so dass für Arme, Kranke, Waisen und Bettler sowie
für Pilger und Riesende besser gesorgt werden konnte. Agnes förderte mit ihrem Vermögen auch andere Klöster wie Engelberg und
Interlaken.

Eine zweite Tätigkeit der Königin Agnes würde man heute mit dem
Wort "Diplomatie" bezeichnen.
Wenn Adlige damals untereinander oder mit Städten im Streit lagen,
konnten sie sich an keine allgemein anerkannten Gerichte wenden.
Deshalb zog man angesehene Persönlichkeiten bei, die durch ihre
Rechtskenntnisse und unparteiischen Schiedsentscheide bekannt ge-
worden waren. Sie arbeiteten einen Vergleich aus und schlichteten
auf diese Weise den Streit.

Agnes wurde mit ihrer verständnisvollen, friedfertigen und klugen
Art zu einer weitherum beliebten und allseits anerkannten Vermitt-
lerin. Der langjährige Frieden zwischen Bern und seinen ehemaligen
Feinden im Laupenkrieg (1339) ist auch der Vermittlung der Königin
Agnes zu verdanken.

Aufgabe:

Lest den Text sorgfältig durch und bereitet Euch vor, den Mitschülern die Lebensgeschichte zu erzählen. Dabei sollen die Orte, wo
Agnes lebte, an der Karte gezeigt werden.

Versucht auch, ihr Leben in verschiedene Abschnitte einzuteilen.

Diskutiert, warum wohl diese Frau als Vermittlerin damals so grosse Bedeutung erlangt hat.

Vielleicht versucht ihr Euch zu erinnern, wann Ihr das letzte Mal
in der Geschichte von einer bedeutenden Frau gehört habt.

A 37

WIE DER LAUPENKRIEG ENTSTAND

Aufgaben:
1. Lest die nachstehenden Angaben sorgfältig durch und betrachtet die dazugehörigen Bilder genau.

2. Setzt zu den Texten und Bildern einen Titel, der den dargestellten Inhalt möglichst genau umschreibt.

2. Versucht anschliessend, die einzelnen Schritte, die allmählich zum Krieg und dann wieder zum Frieden führten, in einem einfachen Schema darzustellen.

1. Schritt:

Berns wachsende Macht war vielen Adligen der Umgebung und der Stadt Freiburg ein Dorn im Auge. Sie hätten gerne Berns Macht beschränkt. Als Bern 1324 das Städtchen Laupen kaufte, wuchs der Neid der Rivalen.

Laupen wurde bernisch.

2. Schritt:

Adlige und Truppen Freiburgs unternahmen Plünderungszüge in bernisches Gebiet.

Die Freiburger prallten auf ihrem Plünderungszug bei Belp auf die Berner.

3. Schritt:

Freiburg verbündete sich mit andern Gegnern Berns, so auch mit den Grafen von Kyburg.

Die Vorhut des Grafen Eberhard von Kyburg bei Gerenstein.

4. Schritt:

Bern revanchierte sich mit ähnlichen Vergeltungsmassnahmen. Darauf erklärten Berns Gegner - Freiburg, die mit ihm verbündeten Adligen und Habsburg - Bern den Krieg.

Der Graf von Valangin sandte Bern den Fehdebrief.

A 38

5. Schritt:

Die Gegner Berns belagerten
Laupen; Bern hatte dorthin eine
Besatzung geschickt.

Belagerung
von Laupen
durch den
Adel und die
Freiburger.

6. Schritt:

Es kam zur Schlacht; überra-
schend blieb Bern mit seinen
Verbündeten Sieger.

Schlacht bei
Laupen (1339).

7. Schritt:

Nach der verlorenen Schlacht
verwüsteten die Gegner weiterhin bernisches Gebiet und störten Handel und Verkehr.

Gefecht zwi-
schen Besat-
zung von Lau-
pen und Frei-
burgern im
April 1340.

8. Schritt:

Bern übte Vergeltung an den
Feinden, indem es Burgen und
Schlösser der Adligen verwüste-
te und anzündete.

Berner verwü-
steten feind-
liches Gebiet.

9. Schritt:

Lange hätte Bern aber den stän-
digen Kleinkrieg nicht aushal-
ten können. Aber auch auf der
Seite der Feinde gab es grosse
Schäden und Verluste.

Die Freibur-
ger liessen
in Köniz die
Beute zurück.

10. Schritt:

Im Juli 1340 kam es zum Waffenstillstand für 10 Tage. In dieser Zeit vermittelte Königin
Agnes und fällte danach ihre
Schiedssprüche. Diese wurden
von den Parteien angenommen,
worauf die Friedensverträge abgeschlossen werden konnten.

Tagung der
Berner und
Freiburger
in Flamatt.

A 39

DIE KRIEGSPARTEIEN IM LAUPENKRIEG

Aufgaben: 1. Färbt auf der Karte (A 40) die beiden Kriegsparteien
verschieden an und bereitet Euch vor, den andern die
Ausgangslage zu erklären.

2. Stellt an der Moltonwand Verbündete und Feinde Berns
so dar, dass die geographische Lage und der Abstand
ungefähr stimmen. Bezieht dabei auch den
elsässischen Adel und die Habsburger mit ein.

Die Feinde Berns bei Laupen   Die Verbündeten Berns bei Laupen

---

❶ Jordan von Burgistein   Die Ausburger der Landschaft

❷ Eberhard von Kyburg (Lands-   Simmentaler unter Freiherr von
hut)

❸ FREIBURG   Weissenburg

❹ Graf von Greyerz   Haslitaler

❺ Peter von Thurn (Frutigen)   18 Ritter aus Solothurn

❻ Graf Ludwig II. von der   innere Orte
Waadt

❼ Freiherr von Montenach (Belp)

❽ Peter von Aarberg

❾ Gerhard von Valangin

❿ Imer von Strassberg (Büren)   Den Verbündeten Berns, Murten

⓫ Rudolf von Neuenburg   und Biel, war von ihren Herren

⓬ Rudolf von Nidau   (Savoyen, resp. Bischof von

⓭ Senn von Münsingen, Bischof   Basel) die Teilnahme verboten.
von Basel

⓮ Jean de Rosillon, Bischof von   Solothurn konnte wegen der
Lausanne   Habsburgergefahr nicht mittun.

⓯ Oesterreichische Ritter aus
dem Elsass und aus Schwaben

Karte der Kriegsparteien im Laupenkrieg

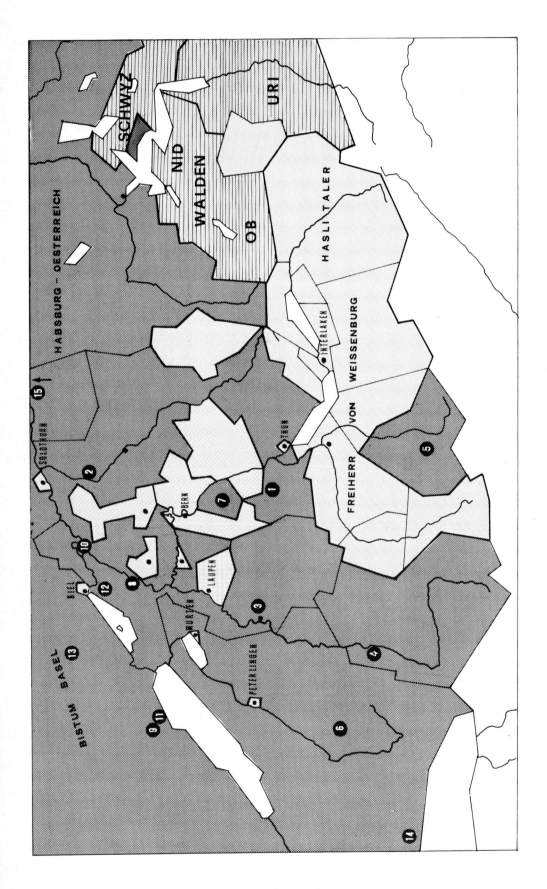

A 41

DER SCHIEDSSPRUCH NACH DEM LAUPENKRIEG

Aufgaben: 1. Lest die folgenden Angaben sorgfältig durch und ent-
werft anschliessend eine übersichtliche Darstellung
(Schema) der Hauptbedingungen des Schiedsspruchs
(für die Wandtafel).

2. Bereitet Euch darauf vor, zu erklären, wie der
Schiedsspruch zustande gekommen ist und welche Bedingungen er enthält.

3. Beurteilt, wie gerecht ihr den Schiedsspruch findet.

Wie es zum Schiedsspruch kam

Bern litt unter den feindlichen Verwüstungszügen ins bernische Gebiet nach der Schlacht bei Laupen. Daher sah sich Schultheiss Johann von Bubenberg nach einem geeigneten Vermittler um.

Diese Person musste auch von der gegnerischen Partei als gerechte
Persönlichkeit anerkannt sein. Deshalb fiel seine Wahl auf die
Habsburgerin Agnes, die als gebildete, weise alte Frau galt, der
Gerechtigkeit über alles ging. Als Schwester des Herzogs Albrecht
von Oesterreich war sie natürlich den Gegnern Berns ebenfalls
recht.

10 Tage lang hörte Agnes die verschiedenen Parteien an, prüfte alte Dokumente, stellte Fragen und schlichtete dann alle wichtigen
Streitfälle.

Die Hauptbedingungen des Schiedsspruchs

- Aller Totschlag, Raub, alle Brandstiftung und Heimsuchung
des Krieges sollen gegenseitig als abgetan gelten.

- Keine Partei hat das Recht, von der anderen Schadenersatz
zu verlangen.

- Die Gefangenen auf beiden Seiten sollen freigelassen werden. Sie sollen kein Lösegeld bezahlen, sondern nur für ihre Verpflegung aufkommen müssen.

- Die Berner müssen sich zusätzlich verpflichten, von jetzt
an keine weiteren Untertanen der ehemaligen Feinde als Bürger in die Stadt aufzunehmen.

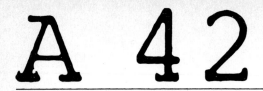

DER FRIEDEN NACH DEM LAUPENKRIEG BRACHTE BERN VORTEILE

Aufgaben: 1. Lest die folgenden Angaben sorgfältig durch und besprecht anschliessend die Vorteile des Friedens für Bern.

2. Fasst die wichtigsten Punkte in einer geeigneten und übersichtlichen Darstellung zusammen (Schema) und zeichnet das Ergebnis an die Wandtafel.

3. Bereitet Euch darauf vor, die Wandtafelzeichnung Euren Mitschülern erklären zu können.

Vorteile des Friedensschlusses für Bern

Mit dem Friedensschluss von 1340 hörten die Verwüstungen im Bernbiet auf.

Die Beziehungen zur Stadt Freiburg verbesserten sich; man erinnerte sich erneut an das alte Bündnis. Zwar gab es auch später immer wieder Streitigkeiten zwischen den beiden Städten, doch die Friedenspause nützte allen:

- den Bauern, die nun wieder ungestört ihre Felder bestellen konnten,

- den Händlern und Handwerkern, die in Ruhe ihren Geschäften nachgehen konnten.

Am wichtigsten war für Bern, dass es Frieden und ein Bündnis mit dem Herrscher Habsburgs geschlossen hatte, das lange Zeit Bestand hatte. Gerade der Frieden mit Habsburg erlaubte es Bern, seine Machtstellung in der Westschweiz weiter auszubauen und sein Gebiet zu erweitern.

Eine Beurteilung der Königin Agnes findet sich im Werk eines Zeitgenossen, des Mönchs Johannes von Winterthur. Er schreibt:

> Die Friedensverträge wurden in Königsfelden geschlossen, wo die Königin Agnes wohnte, die sich mit aller Kraft und ganzem Herzen dafür einsetzte, dass Frieden geschlossen würde, weil dieser ihr ein Herzensanliegen war und sie der Meinung war, es seien in dem Gemetzel der Schlacht genug Leute umgekommen und eine Fortsetzung des Krieges müsste noch viel schlimmere Folgen haben.
> (Original lateinisch)

QUELLENANGABEN

A 5	S. 66	Quellenhefte zur Schweizergeschichte, Heft 4, S. 47.
A 11	S. 72	ebd., S. 50 f.
A 13	S. 74	(1) Säumerordnung für Ursern 1498, hg. v. E. Wymann, in: Der Geschichtsfreund, Mitteilungen des historischen Vereins der Fünf Orte Luzern, Uri, Schwyz, Unterwalden und Zug, Nr. 89, Jg. 1934, S. 283-291.
		(2) Schnyder Hans, Handel und Verkehr über die Bündner Pässe im Mittelalter zwischen Deutschland, der Schweiz und Oberitalien, 2 Bde., Zürich 1973/75.
A 15	S. 76	(1) ebd.
		(2) ebd.
A 16	S. 47	Hardach/Schilling, Das Buch vom Markt, S. 83.
	S. 103 - 106	Nach: Nabholz/Kläui, Quellen zur Verfassungsgeschichte der Schweizerischen Eidgenossenschaft ...
	S. 126	(1) Johannes von Winterthur (Vitoduranus), Chronicon, hg. v. Friedrich Baethgen, Berlin 1924.
		(2) zit. nach Liebenau, Regesten Nr. 198.
A 30	S. 142	Fründ Hans, Chronik (1447), hg. v. Immanuel Kind, Chur 1875.
A 31	S. 143	nach: Quellenhefte zur Schweizergeschichte, Heft 1, S. 4 f.
A 32	S. 144	ebd., S. 144
A 41	S. 153	zit. nach Liebenau, Dokumente, S. 77.
A 42	S. 154	ebd.

BILDERNACHWEIS

S. 23		G. Steinhausen , S. 22.
S. 26		W. Schodoler, Chronik der Burgunderkriege (1515), Bl. 80; aus: Die Schweizer Bilderchroniken, Nr. 169.
S. 30		G. Steinhausen, S. 29.
S. 35		Museum Allerheiligen, Schaffhausen.
S. 38		Karte aus: S. Widmer, Illustrierte Schweizergeschichte.
S. 40		Johann Stumpf, Gemeiner loblicher Eydgnoschaft stetten, landen und völckeren chronik wirdiger thaten beschreybung, Zürich 1548 (Bernisches Historisches Museum).
S. 43		Ivo Müller, Geschichte von Ursern, Disentis 1984, S. 23.
S. 51		Kunstmuseum, Bern.
S. 58		PTT-Museeum, Bern.
S. 61		(1) Nach: Fritz Glauser. Der Gotthardtransit von 1500 bis 1600, in: Schweiz. Zeitschrift für Geschichte 29 (1979), S. 32. (2) Arthur Wyss, St. Gotthard, S.17. (3) ebd., S. 101. (4) A. Häsler, Gotthard, Umschlagbild.
S. 65	A 4	Spektrum der Wissenschaft 3/1983, S. 17.
S. 67	A 6	wie S. 40 (Ausschnitt, leicht vereinfacht).
S. 69	A 8	(1) Aquarell von A. Wunderlin, um 1850, Kunstmuseum Olten; aus: Schöne alte Schweiz, S. 293. (2) Aquarell von J.J. Aschmann, um 1775, Schweiz. Landesmuseum, Zürich. (3) Holzschnitt aus: Aesop, deutsch v. Steinhövel, Ulm um 1475, in: G. Steinhausen, S. 21. (4) Achtung Sendung, Jg. 1980, Aarau 1980, S. 225. (5) Weltchronik des Rudolf von Ems, aus: Schöne alte Schweiz, S. 8.
S. 70	A 9	(6) Aquarell, Anonym, 1789, Bernisches Historisches Museum. (7) PTT-Museum, Bern. (8) Kolorierte Aquatinta von A. Benz, 1790er Jahre, Zentralbibliothek Zürich. (9) Diebold Schilling, Schweizerchronik, Luzern 1484; in: G. Steinhausen, S. 32. (10) PTT-Museum, Bern
S. 71	A 10	(11) PTT-Museum, Bern. (12) Aquarell über Bleistift von J. R. Schellenberg, 1769, Zentralbibliothek Zürich. (13) Zeichnung von J. A. d'Aujourd'hui, aus: A. Wyss, St. Gotthard, S. 94.
S. 74	A 13	ebd., S. 57
S. 76	A 15	(1) Holzschnitt aus: Cicero, de officiis, Augsburg 1531; in: G. Steinhausen, S. 50. (2) W. Schodoler, Chronik der Burgunderkriege (1515), aus: Die Schweizer Bilderchroniken, Nr. 182. (3) Chronik des Konstanzer Konzils des Ulrich Richental, aus: Schöne alte Schweiz, S. 9.
S. 79	A 18	(1) Matthaeus Merian (1642) in: Topographia Germaniae, Band Topographia Helvetiae, Rhaetiae et Valesiae 1654, Faksimileausgabe (Bärenreiter-Verlag) Kassel und Basel. (2) ebd.

		(3) ebd.
		(4) A. Häsler, Gotthard, S. 60.
		(5) Aquarell von G. Lory, undatiert. Kunstmuseum Bern.
S. 80	A 19	(6) Sepia von F. T. Triner, 1794, Kunstmuseum Luzern.

S. 80   A 19   (6) Sepia von F. T. Triner, 1794, Kunstmuseum Luzern.
(7) Kolorierter Stich von Descourtis, 1785, PTT-Museum, Bern.
(8) Kolorierte Umrissradierung von J.G. Jentsch, PTT-Museum, Bern.
(9) Merian, 1642.
(10) Merian, 1642.

S. 81   A 20   (1)Aquarell von D. A. Schmid, undatiert, aus: Schöne alte Schweiz, S. 230.
(2) M. Rennhard, Der Gotthard, Zürich 1981, S. 32.

S. 82   A 21   (3) A. Wyss, St. Gotthard, S. 188.

S. 83   A 22   (1) Altes Kalenderblatt, Privatbesitz.
(2) A. Wyss, St. Gotthard, Umschlagbild.
(3) wie S. 80 (7).
(4) A. Häsler, Der Gotthard, S. 22.

S. 84   A 23   (5) Alte Postkarte, Privatbesitz.
(6) Alte Postkarte, Privatbesitz.
(7) E. Egli/E. Schulthess, Schweiz Flugbild , Zürich 1972, Bild 20.

S. 85   Diebold Schilling, Spiezer Bilderchronik, 1485, Faksimile Ausgabe 1939, Tafel 111.

S. 88   Werner Schodoler, Chronik des alten Zürichkriegs, 1514; aus: Schweizer Bilderchroniken, Nr. 162.

S. 90   Diebold Schilling, Spiezer Bilderchronik, 1485, Faksimile Ausgabe 1939, Tafel 146.

S. 92   Die Schweizer Bilderchronik des Luzerners Diebold Schilling, 1513, Luzern 1981, S. 232.

S. 95   Diebold Schilling, Amtliche Luzerner Chronik, 1513; aus: Schweizer Bilderchroniken, Zürich 1941, Nr. 138.

S. 102   Staatsarchiv Bern.

S. 105   Diebold Schilling, Amtliche Luzerner Chronik, 1513; aus: Schweizer Bilderchroniken, Nr. 114.

S. 109   Diebold Schilling, Amtliche Berner Chronik, Bd. 1, 1478; aus: Schweizer Bilderchroniken, Nr. 28.

S. 113   Staatsarchiv Bern.

S. 115   Staatsarchiv Bern.

S. 116   Siegel der Talschaft Uri am Berner Brief 1353, Staatsarchiv Bern.

S. 117   Stadtarchiv Zürich.

S. 121   Werner Schodoler, Eidgenössische Chronik, Folio 5 r, Archiv Bremgarten.

S. 126   M. Beck u.a., Königsfelden, Olten 1970 (Farbtafeln).

S. 129   Diebold Schilling, Spiezer Bilderchronik, 1484; aus: Schweizer Bilderchroniken, Nr.75.

S. 131   (1) Diebold Schilling, Spiezer Bilderchronik, 1484; aus: Schweizer Bilderchroniken, Nr. 77.
(2) Bendicht Tschachtlan, Berner Chronik, 1470, Faksimileausgabe 1933, Tafel 46.
(3) Bendicht Tschachtlan, Berner Chronik, 1470, Ausgabe 1933, Tafel 47.
(4) Diebold Schilling, Spiezer Bilderchronik, 1484, Faksimile Ausgabe 1939, Tafel 112.

S. 132   (5) Diebold Schilling, Spiezer Bilderchronik, 1484; aus:
Schweizer Bilderchroniken, Nr. 77.
(6) Bendicht Tschachtlan, Berner Chronik, 1470, Ausgabe 1933,
Tafel 56.
(7) ebd., Tafel 60.
(8) ebd., Tafel 63.
(9) ebd., Tafel 65.
(10) Diebold Schilling, Spiezer Chronik, 1484, Faksimile Ausgabe 1939, Tafel 111.

S. 135   Diebold Schilling, Amtliche Luzerner Chronik, Fol. 166 v, Bürgerbibliothek Luzern.

S. 136   Bendicht Tschachtlan, Berner Chronik, 1470, Faksimile Ausgabe 1933, Tafel 156.

S. 137   A 24   Diebold Schilling, Amtliche Berner Chronik, Bd. I; aus: Schweizer Bilderchroniken, Nr. 30.

S. 138   A 25   Diebold Schilling, Spiezer Bilderchronik, 1484; aus: Schweizer Bilderchroniken, Nr. 68.

S. 139   A 26   Diebold Schilling, Spiezer Bilderchronik, 1484, Tafel 342, Burgerbibliothek Bern.

S. 143   A 31   wie S. 102.

S. 144   A 32   Faksimileausgabe des Bundesbriefarchivs in Schwyz.

S. 146   A 34   wie S. 116.

S. 149   A 35   (1) Diebold Schilling, Spiezer Bilderchronik, 1484; aus:
Schweizer Bilderchroniken, Nr. 77 (Ausschnitt).
(2) Bendicht Tschachtlan, Berner Chronik, 1470, Faksimileausgabe 1933, Tafel 46.
(3) Bendicht Tschachtlan, Berner Chronik, 1470, Ausgabe 1933, Tafel 47.
(4) Diebold Schilling, Spiezer Bilderchronik, 1484, Faksimile Ausgabe 1939, Tafel 112.

S. 150   A 36   (5) Diebold Schilling, Spiezer Bilderchronik, 1484; aus:
Schweizer Bilderchroniken, Nr. 77.
(6) Bendicht Tschachtlan, Berner Chronik, 1470, Ausgabe 1933,
Tafel 56.
(7) ebd., Tafel 60.
(8) ebd., Tafel 63.
(9) ebd., Tafel 65.
(10) Diebold Schilling, Spiezer Chronik, 1484, Faksimile Ausgabe 1939, Tafel 111.

LITERATURANGABEN

Die folgende Zusammenstellung erhebt keinerlei Anspruch auf Vollständigkeit, sondern ist ausschliesslich für die praktische Verwendung durch den Lehrer gedacht. Speziellle Literatur zum Mittelalter und zu einzelnen Orten (aussser Bern) bleibt weitgehend unberücksichtigt.

Der Lehrer, der noch stärker die lokale Geschichte einbeziehen möchte, sei an das bernische Staatsarchiv verwiesen, das nach Orten geordnetes Material zur Verfügung hat und dessen Mitarbeiter bereitwillig Auskunft geben und bei der Suche behilflich sind.

1. Allgemeine neuere Literatur zur eidgenössischen Geschichte

M. Beck, Der Mythos Schweiz im Schatten zweier Kriege, in: Legende, Mythos und Geschichte (Festschrift), Frauenfeld 1978, S. 280 ff.

A. v. Castelmur, Der Alte Schweizerbund, Ursprung und Aufbau, Erlenbach/Zürich o.J.

Geschichte der Schweiz - und der Schweizer, 3 Bde., Basel/Frankfurt a. M. 1982 f.

Handbuch der Schweizer Geschichte, 2 Bde., Zürich 1972/77

G. P. Marchal, Sempach 1386, Anfänge des Territorialstaates Luzern, Basel 1986.

U. Im Hof, Die Schweiz. Illustrierte Geschichte der Eidgnossenschaft, Zürich 1984.

O. Marchi, Schweizer Geschichte für Ketzer oder die wundersame Entstehung der Eidgenossenschaft, Zürich 1971.

H.C. Peyer, Könige, Stadt und Kapital, Aufsätze zur Wirtschafts- und Sozialgeschichte des Mittelalters, Zürich 1982.

H.C. Peyer, Verfassungsgeschichte der alten Schweiz, Zürich 1978.

Frühe Geschichte Berns

R. Feller, Geschichte Berns (bis 1798), 4 Bde., Bern 1946 ff.

P. Meyer, Illustrierte Berner Enzyklopädie, Berner - deine Geschichte, Bern 1981.

H. Morgenthaler, Bilder aus der älteren Geschichte Berns, Bern 1935.

E. von Rodt, Bern im 13. und 14. Jahrhundert, Bern 1907.

E. von Rodt, Bern im 15. Jahrhundert, Bern 1905.

H. Strahm, Geschichte der Stadt und Landschaft Bern, Bern 1971.

2. Schulbücher zur frühen Schweizer Geschichte

Weltgeschichte im Bild 6, Kantonaler Lehrmittelverlag Solothurn.

P. Ziegler, Zeiten, Menschen, Kulturen: Mittelalter (Bd. 2), Lehrmittelverlag Zürich.

W. Steiger/A. Jaggi, Geschichte der Schweiz, 2 Bde., Kant. Lehrmittelverlag St. Gallen.

3. Didaktische Literatur

Ebeling/Kühl, Praxis des Geschichtsunterrichts, Bd. 1 und 2, (Schroedel) 1974.

Ebeling, Didaktik und Methodik des Geschichtsunterrichts, (Schroedel) 1974.

W. Hug, Geschichtsunterricht in der Praxis der Sekundarstufe I, (Diesterweg) Frankfurt a. M. 1980.

K. Messmer, Geschichte im Unterricht, eine Arbeitsmethodik, (Kant. Lehrmittelverlag) Luzern 1981.

Nordwestschweiz. Koordinationskommission für Geschichtsunterricht, Weltgeschichte im Bild, Lehrerheft, Allgemeiner Teil B, (Kant. Lehrmittelverlag) Solothurn 1975.

W. Oelmüller, Wozu noch Geschichte?, (Fink-Verlag) München 1977.

H.D. Schmid, Fragen an die Geschichte, Lehrerbegleitbände 1-4 (Hirschgraben).

4. Ausgaben mit Quellen und Materialien

Quellenausgaben für den Schulgebrauch

G. Guggenbühl, Quellen zur Allgemeinen Geschichte, Bd. 2, (Huber Verlag) Frauenfeld.

P. Kläui (Bearb.), Freiheitsbriefe, Bundesbriefe, Verkommnisse und Verfassungen, 1231-1815 (= Quellenhefte zur Schweizergeschichte hg. durch eine Kommission des Vereins Schweizerischer Geschichtslehrer, Heft 1), 3. Aufl., Aarau 1963.

H. Nabholz/P. Kläui, Quellenbuch zur Verfassungsgeschichte der Schweizerischen Eidgenossenschaft und der Kantone von den Anfängen bis zur Gegenwart, 3. Aufl. Aarau 1947.

W. Oechsli, Quellen zur Schweizer Geschichte, Neue Folge, Zürich 1893.

W. Oechsli, Quellen zur Schweizer Geschichte, 2. Aufl., Zürich 1918.

A. Renner, Bäuerliche und städtische Kultur 12. bis 17. Jahrhundert (= Quellenhefte zur Schweizergeschichte, hg. durch eine Kommission des Vereins Schweizerischer Geschichtslehrer, Heft 4), Aarau 1961.

F. Wey, Alte Texte, 133 Quellentexte aus dem Leben der alten Eidgenossen, (Comenius-Verlag) Hitzkirch 1976.

Quellensammlungen wissenschaftlicher Art

Fontes rerum Bernensium, Berns Geschichtsquellen, enthaltend die Urkunden zur bernischen Geschichte bis 1378, 9 Bde. und Register.

E. Welti, Die Rechtsquellen der Stadt Bern, Bd. 1 und 2 (in der Sammlung der Schweizerischen Rechtsquellen), Aarau 1902 ff., neu herausgegeben und erweitert in:

Sammlung Schweizerischer Rechtsquellen, II. Abteilung: Die Rechtsquellen des Kantons Bern, Erster Teil: Stadtrechte, hg. v. H. Rennefahrt, 12 Bde., Aarau 1955 ff.

Chroniken

Valerius Anshelm, Berner Chronik (1529-1547), hg. vom Historischen Verein des Kantons Bern, 6 Bde., Bern 1884-1901.

Conrad Justinger, Die Berner Chronik (1420-1430), hg. v. Gottlieb Studer, Bern 1871.

Diebold Schilling (BE), Berner Chronik (=Amtliche Berner Chronik in 2 Bden., 1478/84), Faksimileausgabe, hg. v. Hans Bloesch und Paul Hilber, 4 Bde., Bern 1943-45.

Diebold Schilling (BE), Spiezer Bilderchronik (= private Chronik für Rudolf von Erlach in Spiez, 1484), Faksimileausgabe 1939.

Diebold Schilling (BE), Die grosse Burgunderchronik (= "Zürcher Schilling", Chronik der Burgunderkriege, 1480), Faksimileausgabe, Luzern 1985.

Diebold Schilling (LU), Die Schweizer Bilderchronik des Luzerners Diebold Schilling (=Amtliche Luzerner Chronik, 1513), hg. v. A. A. Schmid, Luzern 1985.

Werner Schodoler, Schweizer Chronik: Bd. 1: Eidgenössische Chronik (nach 1509); Bd.2: Chronik des alten Zürichkriegs (1514); Bd.3: Chronik der Burgunderkriege (1525), Faksimileausgabe, Luzern 1984.

Bendicht Tschachtlan, Berner Chronik (1469/70), Faksimileausgabe, hg. v. Hans Bloesch, Ludwig Forrer, Paul Hilber, Genf/Zürich 1933.

Werner Juker, Die alten Eidgenossen im Spiegel der Berner Chroniken, Bern 1964.
Die Schweizer Bilderchroniken des 15./16. Jahrhunderts, hg. v. Walter Muschg u. E. A. Gessler, Zürich 1941.

H. Strahm, Der Chronist C. Justinger und seine Berner Chronik von 1420, Bern 1978.

L. Zehnder, Volkskundliches in der älteren schweizerischen Chronistik, Basel 1976.

Liedersammlungen

U. Hostettler, Anderi Lieder, Von den geringen Leuten, ihren Legenden und Träumen, ihrer Not und ihren Aufständen, zusammengestellt und kommentiert von U. H., (Ex Libris) Zürich 1980.

O. v. Greyerz, Im Röseligarte, 6 Bde., Bern 1908-1925.

Trotz der Obrigkeit (Liedersammlung LP), Zytglogge Verlag, Bern.

5. Literatur zu einzelnen Sachthemen

Literatur zum Thema Handel und Verkehr

H. Ammann, Das schweizerische Städtewesen des Mittelalters in seiner wirtschaftlichen und sozialen Ausprägung, in: Recueils de la société Jean Bodin, 2e partie: La ville, Bruxelles 1956.

E. Audétat, Verkehrsstrassen und Handelsbeziehungen Berns im Mittelalter, (Diss.) Bern 1920.

J.-F. Bergier, Die Wirtschaftsgeschichte der Schweiz, Köln 1983.

A.-M. Dubler, Masse und Gewichte im Staate Luzern und in der alten Eidgenossenschaft, Festschrift 125 Jahre Kantonalbank Luzern 1975.

G. Hardach/J. Schilling, Das Buch vom Markt, Luzern 1980.

A. A. Häsler, Gotthard, Als die Technik Verkehrsgeschichte schrieb, Frauenfeld 1982.

A. Hauser, Schweizerische Wirtschafts- und Sozialgeschichte, Erlenbach-Zürich 1961

M. Lory, Das Geld im Leben der alten Berner, Kantonalbank von Bern, 1980.

Malerische Reise durch die Schöne alte Schweiz, (Ex Libris) Zürich 1982.

Iso Müller, Geschichte von Ursern, Disentis 1984

H.P. Nething, Der Gotthard, Thun 1979.

L. Pauli, Die Alpen in Frühzeit und Mittelalter, München 1980.

G. Steinhausen, Der Kaufmann in der deutschen Vergangenheit, Leipzig 1899.

A. Wyss, Sankt Gotthard - Via Helvetica, Lausanne 1979

Literatur zum Thema Gewalt und Recht

G. Caduff, Die Knabenschaften Graubündens, Eine volkskundlich-kulturhistorische Studie, Chur 1932.

H. Kreis, Die Walser. Ein Stück Siedlungsgeschichte der Zentralalpen, 2. Aufl., Bern 1966.

H. Nabholz, Der Zusammenhang der eidgenössischen Bünde mit der gleichzeitigen deutschen Bündnispolitik; in: Festschrift Gerold Meyer von Knonau, Zürich 1913.

H. Nabholz, Die Bundesbriefe von Bern, Freiburg und Murten des 13. Jahrhunderts; in: Festschrift Robert Durrer (= Der Geschichtsfreund, Mitteilungen des Hist. Vereins der Fünf Orte ..., Bd. 82, Einsiedeln/Stans 1928.

B. Meyer, Die Sorge für den Landfrieden in der werdenden Eidgenossenschaft, (Diss.) Zürich/Affoltern 1935.

B. Meyer, Die Entstehung der Eidgenossenschaft. Der Stand der heutigen Anschauungen; in: Schweizerische Zeitschrift für Geschichte, Bd.2, Zürich 1952.

W. Schaufelberger, Der alte Schweizer und sein Krieg, Studie zur Kriegsführung vornehmlich im 15. Jahrhundert, 2. Aufl. 1966.

H. Steinacker, Die Habsburger und der Ursprung der Eidgenossenschaft; in: Mitteilungen des Instituts für österreichische Geschichtsforschung, Bd. 61, Graz/Köln 1953.

E. Usteri, Das öffentlich-rechtliche Schiedsgericht in der Schweizerischen Eidgenossenschaft, (Diss.) Zürich 1925.

H. G. Wackernagel, Die Freiheitskämpfe der alten Schweiz in volkskundlicher Beleuchtung; in: Altes Volkstum der Schweiz, Basel 1956.

6. Nachschlagewerke

K. Fuchs/H. Raab, dtv - Wörterbuch zur Geschichte, 2 Bde.

A. Gasser, Die territoriale Entwicklung der Schweizerischen Eidgenossenschaft 1291 - 1797, mit einer historischen Karte, Aarau o.J.

O. v. Greyerz/Bietenhard, Berndeutsches Wörterbuch, Bern 1976.

Historisch-biographisches Lexikon der Schweiz, 8 Bde., Neuenburg 1921-1934.

B. Weber, Historisch-topographisches Lexikon der Stadt Bern, Bern 1976.

Zu dieser Dokumentation "Aus der frühen Schweizer Geschichte" gehören speziell zusammengestellte Diaserien mit Erläuterungen:

1. Handel und Verkehr (DA 2481)
2. Gewalt und Recht (DA 2482)

Ausleihe (ab Frühling 1987) unter Angabe der obigen Nummern bei:

Berner Schulwarte
Pädagogische Informations- und Dokumentattionsstelle
Helvetiaplatz 2
3005 Bern
Telefon 031/43 57 15

Ueber weitere verfügbare Materialien zum Thema orientiert der Katalog der Berner Schulwarte.

Zum Thema Markt, Handel und Verkehr wurde ein unterhaltendes und lehrreiches Brett-Spiel entwickelt, das im Zytglogge Verlag ab Frühling 1988 erhältlich ist. Das Spiel "Basel-Mailand-Basel" zeigt auf der Grundlage historischen Quellenmaterials, wie sich der mittelalterliche Handel und der Verkehr über die Alpen abspielte. Es ist im Geographie-, im Rechen- und Geschichtsunterricht wie auch in Unterrichtspausen einsetzbar.

Zytglogge Werkbücher

Werkstatt-
UNTERRICHT 1×1

**Didaktisches
und Praktisches**

KÄTHI ZÜRCHER

Zytglogge Werkbuch

Br. A4, 152 S., 32.–/35.–

Zusatzmappe

Werkstatt-
UNTERRICHT 1×1

**Übungsaufgaben
Kartenspiele**

KÄTHI ZÜRCHER

Zytglogge Werkbuch

Br. A4, mit 60 Ausschneidebogen, 38.–/42.–

Didaktik

Dass nicht alle Gleichaltrigen Gleiches gleich schnell, gar noch gleich gern und gleich gut lernen, ist **Käthi Zürcher** lange schon aufgegangen. Ihr Buch 1×1 **Werkstatt-Unterricht** ist die Summe zehnjähriger intensiver Kurs- und Schularbeit. Das Modell Werkstatt-Unterricht (WS-U) lässt sich – einmal im Prinzip erfasst – umsetzen, bearbeiten und sowohl im Kindergarten wie in der Erwachsenenschulung einsetzen.

Am Beispiel der 1×1 Werkstatt wird der WS-U ausführlich vertieft und illustriert. Im Anhang ist, nebst sämtlichen WS-Aufträgen, das vorgesehene Übungsmaterial abgebildet, sind Herstellungsanleitungen, Ideen zu abwechslungsreichem Fertigkeitstraining, Spielanleitungen oder Hinweise zur Aufarbeitung von Einzelaufträgen für den Gruppenunterricht beigefügt.

In einer separaten **Zusatzmappe** finden sich die fertigen Materialien, die WS-Aufträge und Spiele, die nirgends im Spielwarenhandel erhältlich sind. Inhalt: 44 Arbeitsaufträge, 1 Legende, 1 Quartett-Spiel (40 Karten), 1 Bilderlotto (12 Tafeln, 72 Bildkärtchen), 1 Verwandlungsspiel, 7 Memory-Spiele (je 24 Karten), 9 Zahlenstreifen, 1 Zahlentabelle, 1 Spieltafel.

Mittelstufe

Unterstufe

Schuelmümpfeli
Gertrud Meyer

Praktisches
für Lehrer/innen,
Kindergärtnerinnen
und Eltern

Ein
Zytglogge
Werkbuch

Br. A4, 152 S., 29.80/32.–

Gertrud Meyer
Schuelmümpfeli 2

Lehrer und Eltern, Partner des Kindes
Ein Zytglogge Werkbuch

Br. A4, 152 S., 29.80/32.–

Gertrud Meyer, eine erfahrene und engagierte Lehrerin, bietet in ihren «Schuelmümpfeli»-Bänden eine Vielfalt von Anregungen, Ideen und Denkanstössen für die tägliche Arbeit mit einer Schulklasse. Angesprochen werden in erster Linie Lehrkräfte der Primar-Unterstufe und Eltern.
Das inhaltliche Angebot, die differenzierten Darstellungen und die kritischen, realitätsbezogenen Stellungnahmen ermöglichen es einem Lehrer, vieles davon bereichernd in seinen schulischen Alltag einfliessen und sich von neuem zu Neuem anregen zu lassen, vieles zu überdenken und sich fortzubilden. Er findet eine Fülle von Tips für seine Praxis.
Hans Rothweilers Sachunterricht als individualisierender Unterricht hat viel zu tun mit Fragen stellen, mit Fragen zulassen, mit Fragen ernst nehmen. Z.B. Erleben der Heimat: die Wohnung in der Kartonschachtel, Fragen an die Kuh; Entdeckungen: im Supermarkt, am Teich, im Wald, beim Zerlegen eines Poulets usw.; oder Erforschen von Lebensweisen heute und früher; oder Erfahren der eigenen Interessen; oder...
Entscheidend ist die Atmosphäre, die in der Schule herrscht, die Beziehung zwischen Schüler und Lehrer, das Zusammenleben und -arbeiten. Wen es interessiert, wie Kinder auf ihre Fragen kommen, was daraus alles werden kann und welche Fragen sich dabei dem Lehrer stellen, dem wird dieses Werkbuch gelegen kommen.

Hans Rothweiler
Warum ist der Himmel blau?

Erleben, Entdecken, Forschen
im individualisierenden
Unterricht in der Volksschule.
Realles, Projekte, Zusammenarbeit.

Ein Zytglogge Werkbuch.

Br. A4, 208 S., 29.80/32.–

Oberstufe

Der Computer macht nicht Halt vor der Schultüre. Und um die erneuerbaren Energiemöglichkeiten kommen wir je länger je weniger herum.

Daniel Perrin und sein Team legen ein **Computer-Werkbuch** vor, das die Wissensgrundlagen kurz, anschaulich und menschlich anbietet. Mit Basic-Programmierkurs, Datenschutz-Brettspiel und Macintosh-Schultips. Ein Spass- und Lernbuch zum Tüfteln und Entdecken. Ein Muss für Einsteiger und Freaks.
Aus dem Inhalt: Computer in und um uns/Vom Werkzeug zum Denkzeug/Vom Problem zum Programm/Deutsch, Binärcode und Programmiersprache/Hokus Pokus Abacus/Sozioökopolitbombe/Computer auf Abwegen/Computerkrimis/Fachbegriffe u.a.m.

«**Beat Seiler** schreibt nicht im Fachchinesisch der Techno-Freaks, sondern in einer verständlichen Sprache des Experten. Und dort, wo das in einfallsreicher Sprache gefasste Argument des witzigen Kommentars, der bildlichen Stütze oder schlicht der ästhetischen Auflockerung bedarf, fügt Dani Lienhard gekonnte Graphiken ein. Die Abhandlungen zur Sonnenenergie nehmen den breitesten Raum ein; Windenergie, Wasser, Biomasse, Gezeiten werden auf wenigen Seiten auf die gängigsten Nutzungstechniken, grundlegende physikalische Sachverhalte und vorherrschende Einsatzmöglichkeiten angesprochen.
Im Teil «Werkzeugkiste» findet man Werkanleitungen und Experimente zum Umgang mit Sonnenenergie, im Anhang Informationen, Begriffserklärungen, Tabellen, Flussdiagramme und Schemazeichnungen.
Ein engagiertes, gutes Buch.» *Wolfgang Münzinger, betrifft: erziehung.*

EDV und Energie

Beat Seiler
Sonne, Wasser, Wind...

Erneuerbare Energiequellen
Information und Experimente

Ein Zytglogge
Werkbuch

Br. A4, 148 S., 32.–/34.–

COMPUTER
Daniel Perrin
Lilian Perrin

mal **menschlich**

Zytglogge
Werkbuch

Br. A4, 136 S., 32.–/35.–
mit «**Datenklau**»-Brettspiel + Basic-Programmierkurs

Zytglogge Verlag, Eigerweg 16, 3073 Gümligen, Telefon 031/52 20 30

Zytglogge Werkbücher

Aus der frühen Schweizer Geschichte

Anfänge **1**

Ein Zytglogge Werkbuch

Br., A4, 168 S., 32.–/35.–

Geschichtsunterricht muss nicht trockene Aneinanderreihung von Fakten und Jahrzahlen sein. Das Historiker- und Praktikerteam **Rudolf Hadorn, Jürg Minnier** und **Beat Salzmann** von der ZS für Lehrerfortbildung des Kantons Bern schuf ein didaktisch aufgebautes, vernetztes Ergänzungslehrmittel, das nicht nur als Geschichtslesebuch, sondern als Grundlage dient – mit vielen Informationen, Frage- und Arbeitsblättern, die zum Mitdenken einladen.

Themen der bisher vorliegenden Bände:

«Aus dem mittelalterlichen Leben» Band 1. Auf dem Land. Vom Urwald zum Kulturland. Der Bauer und seine Arbeit. Der Ritter, seine Funktion, seine Rechte. Das Kloster, die Nonnen und Mönche, ihr Alltag.

«Aus dem mittelalterlichen Leben» Band 2. In der Stadt. Städtegründungen. Die Entwicklung zum Gemeinwesen. Wohnen und Leben. Rechte und Freiheiten, Pflichten, Bedrohungen. Bedeutung der Handwerker und Zünfte. Die Märkte. Handel und Fernhandel. Geld, Abgaben und Zölle im alten Bern, «wobei auch Kolleginnen und Kollegen anderer Regionen darin mannigfache stoffliche und didaktische Anregungen finden» (Lehrerzeitung).

Neu: **«Aus der frühen Schweizer Geschichte» Band 1. Anfänge.** Handel und Verkehr erschliessen neue Räume. Die politische Horizontlinie verschiebt sich über die Gemeinde, Stadt und Region hinaus. Ausgreifende Territorialpolitik, komplexe Formen der Konfliktlösung und Rechtssuche führen zu Landfriedensbündnissen und Schiedsgerichten.

Materialien also, die neuen Einsichten und Forschungsresultaten Rechnung tragen. Abschied von der hurrapatriotischen alten Eidgenossenschaft. Politik live, als Lebenskunde, d.h. Geschichte als Weiterung zum sozialen Begreifen.

P.S. Ob aller Historie nicht vergessen: die «Geschichte, die das Leben schrieb» von Ursula Eggli, Mariella Mehr, Erica Brühlmann, Gisela Rudolf, Karin Rüttimann, Helen Stark, Rosalia Wenger u.a. (Bitte Verlagsverzeichnis aller Bücher verlangen).

Aus dem mittelalterlichen Leben

Auf dem Land **1**

Ein Zytglogge Werkbuch

Br., A4, 128 S., 24.–/27.–

Aus dem mittelalterlichen Leben

In der Stadt **2**

Aar flu

Ein Zytglogge Werkbuch

Br., A4, 128 S., 24.–/27.–

Geschichte
Religion
Geographie

RAUMZEIT

Sigrid Lechner-Knecht
Kreuzfahrten ins Zwischenreich
Zytglogge

Br., 240 S., 32.–/36.–

Adrian Naef

Religion
Ohne Gott und Teufel
Ein Lexikon

Zytglogge

Br., 200 S., 27.–/30.–

Gott ist krank sein Sohn hört Punk

Adrian Naef

Zytglogge

Br., 264 S., 24.–/25.80

Andere Religionen, andere Religionsauffassungen. Zwischenreiche, Grenzwissenschaften, Religion, Esoterik, können fächerübergreifend in Lebenskunde, Biologie, Physik, Geographie, Philosophie eingesetzt werden. Ganzheitlicher Unterricht heisst das Ganze.
Schon aus seinem ersten Buch «Gott ist krank – sein Sohn hört Punk» geht klar hervor, dass es **Adrian Naef** nicht darum geht, christlichen Glauben in neuer Form zu vermitteln. Er meint Religion im weitesten Sinn und greift auch auf indische, chinesische oder auf Traditionen von Naturvölkern zurück. Das Lexikon «Ohne Gott und Teufel», gedacht für ungläubige religiöse Erwachsene, Schüler und Lehrer, die sich nicht mehr mit den Glaubenssätzen der Kirche abfinden wollen, gehört gerade deshalb in die Handbibliothek aller Lehrerinnen, die Biblische Geschichte unterrichten.

Sigrid Lechner-Knechts «RaumZeit» ist für Esoterik-Anfänger und erfahrene Zwischenreich-Fahrer ein anregendes Buch, das unsere vordergründige Weltschau und das Schulwissen ausweitet. Von den griechischen Weisen zu Descartes und Kepler, bis zu Capra und Sheldrake und zur indischen Samkhya-Philosophie spannt die Autorin ihren Bogen.

Auch diese Fahrtenbücher sind keine eigentlichen Werkbücher, aber ergänzender literarischer Stoff zum Geographieunterricht.
Andere Länder: andere An-Sichten, andere Kulturen.

Katharina Zimmermann beschreibt in einer behutsamen Liebesgeschichte die Verwestlichung im fernen Indonesien.

Toni Stadler beobachtet Afrika-Tramper, Entwicklungshelfer, Slumbewohner und schwarze Aufsteiger in einem packenden, traurigen, witzigen Buch.

Zeno Zürcher zieht faszinierende Vergleiche, die in keinem Reiseführer stehen, zeigt Dänemark als unentdecktes Land, das in Sachen Reformen, Utopie, Mythologie und Demokratie Massstäbe setzt.

Katharina Zimmermann
Hibiskus
Roman
Zytglogge

Br., 152 S., 24.–/25.–

Toni Stadler

Ziege frisst Hyäne

Zürich Dakar Paris
Ein Roman
Zytglogge

Br., 208 S., 27.80/28.80

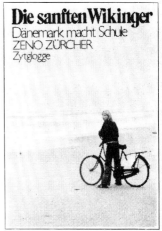

Die sanften Wikinger
Dänemark macht Schule
ZENO ZÜRCHER
Zytglogge

Br., 320 S., 29.80/32.–

Zytglogge Verlag, Eigerweg 16, 3073 Gümligen, Telefon 031/52 20 30

Zytglogge Werkbücher

Kreativer Tanz
Madeleine Mahler
ZYTGLOGGE WERKBUCH

Br., A4, 122 S., 24.–/26.80

Tanzen in Schule und Freizeit

Tanz chuchi
Ein Zytglogge Werkbuch

Br., A4, 208 S., 32.–/35.–

Madeleine Mahler erlernte den ‹creative dance› an der UCSD in Kalifornien. Sie unterrichtet Tanz und Gymnastik, gibt Lehrerfortbildungskurse für Turn- und Musikunterricht und tritt gelegentlich mit einer eigenen Tanzgruppe auf.

Mit dem **Kreativen Tanz** versucht Madeleine Mahler, die jedem Kind innewohnende Kreativität zu wecken und zu erhalten.

Sie gibt den Schülern die Möglichkeit, ihre spontane Bewegungs- und Ausdrucksfähigkeit auszubilden. Auch Schüler, die im Schulturnen nicht zu sportlichen Hochleistungen fähig sind, können sich dabei einsetzen, ihre Phantasie ausüben und sich in einer Gruppe akzeptiert fühlen. Wenn sie beim Tanzen aus ihren Hemmungen und angelernten Mustern gelöst werden können und ihnen das Vertrauen für ihre ganz eigene und persönliche Ausdrucks- und Bewegungsart gegeben wird, stärken wir gleichzeitig ihr eigenes Selbstvertrauen und fördern wir ihre Spielfreude.

Im neuen Buch **«Tanz als Ausdruck und Erfahrung»** erklärt Madeleine Mahler die Stufen ihrer Erfahrung mit dem Tanz, den Lektionsaufbau, die Impromuster, die Musikauswahl und fasst die Tanzthemen unter Kapiteln wie «Gefangensein und Freiheit/Der Schatten wird lebendig/Alles ist in mir/Miteinander» zusammen.

Wenn die Schüler auch nicht sofort den Inhalt wahrnehmen, erfahren sie ihn doch über die Bewegung und speichern diese Erfahrung, die ihnen später wieder zur Verfügung stehen wird. Somit wird Bewegung zum Medium, das das Wesen des Menschen berührt, dieses selber in Bewegung bringt und sich wieder durch geformte Bewegung mitteilt.

«Tanzchuchi»: «Einheimische Tanzformen schlagen die Brücke zwischen Volkstänzen aus aller Welt und modernen Popformen. Im ausführlichen methodischen Teil sind wertvolle und in der Praxis erprobte Hinweise für die gruppenweise Erarbeitung der dargestellten Bewegungsformen enthalten. Literaturhinweise und eine Übersichtstabelle erleichtern den Zugang zur Materie und dürften dem engagierten Tanzleiter bald erfreuliche Erfolge bescheren. Die gleichzeitig mit dem Buch erschienene MC und Platte «Tanzchuchi» (zyt 233) hält mit 15 Beispielen vom Alewander über Hava Nagila bis zum «Samba Mixer» Rhythmen und Klang fest, womit unverzüglich zur tänzerischen Tat «geschritten» werden kann.»   *Kolorit*

Tanz als Ausdruck und Erfahrung
Madeleine Mahler
ZYTGLOGGE WERKBUCH

Br., A4, 128 S., 28.–/31.–

Tanz
Theater
Musik

«Eine Werkbuch-Reihe, die dem **Schultheater** neue Dimensionen zu geben vermag. Diese Bücher sind von Theatermachern gestaltet worden. Sie enthalten Protokolle, Porträts und Materialien von Theaterinszenierungen und ihren Leitern, die die Notwendigkeit des Schulspiels dokumentieren. «Schultheater ist kein Experimentierfeld für verhinderte Regisseure, sondern ein pädagogisches Anliegen.»

Hier wird erzählt, wie man mit Kindern ins Spielen kommt. Dabei erfährt man einiges über Spielauslöser und Spielleiter. Selbstgefertigte Masken z.B. bekommen den Stellenwert des gesprochenen Wortes. In allen Beiträgen wird deutlich: Das Wesentliche passiert während den Entstehungsarbeiten eines Stückes, und es dient der Stärkung der gesamten kindlichen Persönlichkeit.»

A.H. in: Schweiz. Kindergarten

Ausdrucksspiel aus dem Erleben
Arbeitsgemeinschaft Jeux Dramatiques

Einführung Methodik Arbeitsblätter

Ein Zytglogge Werkbuch

Br., A4, 160 S., 28.80/29.80

SCHULTHEATER 2
Kaspar Fischer · Peter Wälti · Elisabeth Kälin
Dani Lienhard · Peter Wyler
Justin Rechsteiner
SPIELRÄUME
Ein Zytglogge Werkbuch

Br., A4, 200 S., 28.–/29.80

Schultheater 4
Theaterschule
Adrian Portmann & Co.
Kaspar Fischer
Werner Hartmann
Andreas Schöni
Märchenhafte Wirklichkeit
Ein Zytglogge Werkbuch

Br., A4, 152 S., 32.–/34.–

Musik in der Schule

singe lose spile 1
Ein Zytglogge Werkbuch

Br., A4, 136 S., 29.–/32.–

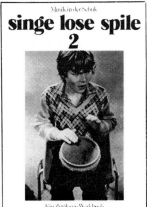

Musik in der Schule

singe lose spile 2
Ein Zytglogge Werkbuch

Br., A4, 216 S., 33.–/36.–

«Die beiden Bände wollen Arbeitshilfen und Anregungen für den vielerorts noch immer vernachlässigten **Musikunterricht an den Schulen** sein. – Der erste Band bringt einleitend einen Grundsatzartikel über die Schulmusik im Spiegel der Zeit, um dann Vorschläge für Inhalte und Ziele des Musikunterrichtes sowie Richtlinien für die Planung und Durchführung von Lektionen zu geben. Das Kapitel «Singleitung» vermittelt mit zahlreichen methodischen Hinweisen die Grundlagen der chorischen Stimmpflege und des Dirigierens. Mit einer Fülle von Übungsmöglichkeiten, anhand von Lektionsskizzen, Arbeitsblättern usw. und in detaillierten Lernschritten wird das Empfinden für Rhythmus und Melodie geschult.

Der umfangreichere zweite Band des wiederum reich illustrierten Lehrganges für **Musikunterricht durch neun Schuljahre** stellt – ebenfalls in didaktischen Aufbaureihen und zahlreichen Beispielen von Lektionsskizzen mit detaillierten Lernschritten – die Instrumente vor und zeigt, wie die Schüler ihren Klang durch vergleichende Hörübungen kennenlernen können. Eine gezielte Einführung ins analytische Musikhören vermittelt das Erkennen von Klängen und musikalischen Abläufen, wobei die Wahrnehmungsfähigkeit des Gehörs durch optische Eindrücke (Notenlesen) vertieft wird. Und schliesslich bringt der geschickt konzipierte Band eine ausführliche Auseinandersetzung mit Popmusik und Jazz, wobei auch hier das analytische, kritische Zuhören anhand interessanter Vergleiche zwischen Chansons und Schlagern, Pop-Bearbeitungen und klassischen Original-Versionen geschult wird. – Zwei wirklich brauchbare Handbücher für den Musikunterricht, ergänzt durch den bereits erschienenen dritten Band ‹Tanzchuchi›».

Lehrerzeitung

Zytglogge Verlag, Eigerweg 16, 3073 Gümligen, Telefon 031/52 20 30

Zytglogge Werkbücher

Zeichnen

Br., A4, 156 S., 32.–/34.–

Br., A4, 152 S., 32.–/34.–

Von Kopf bis Fuss. Der Mensch vom Scheitel bis zur Sohle ist das zentrale Thema dieses Zytglogge Werkbuchs. Es enthält vielerlei Anregungen, wie Kinder den Menschen zeichnen, malen und in verschiedenen Materialien formen können.
Spielen, genaues Beobachten und Erzählen helfen oft als Einstieg zum Gestalten der menschlichen Figur. Wir entdecken dabei den Menschen neu in seinem alltäglichen Verhalten. Die einzelnen Beiträge sind handschriftlich abgefasst, mit Zeichnungen reich durchsetzt und durch Schülerarbeiten ergänzt. So ist eine facettenreiche Sammlung mit individuell gestalteten Notizblättern entstanden. Es sind Anregungen und Ideen, die für Schüler aller Altersstufen gedacht sind.

Mit Herz und Hand. Bereiche in und um Menschen.
Inhalt: *Der Mensch in der Gruppe* – das soziale Umfeld «in den Griff bekommen» – mit Lehm zum Beispiel oder Siporex, oder als «gerissene Arbeit» oder geschnitten in Linol. *Der Mensch im Spiel* – lebende Bilder, lebensgrosse Gliederpuppen, Schulhausriesen, Hampelfranz und Hampelfrieda..., da wird gespielt, der Schulzimmerrahmen gesprengt, zu Pausenaktionen und Spielparcours angeregt. *Selbstdarstellung* – geschriebene Selbstbildnisse, gezeichnete Steckbriefe, gemalte Launen und Lebensläufe in Kistchen. *Magisches* – da werden Märchen wahr, da wird «gigs-gags-gogs» – gezaubert und behext; da gehen magische Nächte über die Bühne. *Textillustration* – lesen und bebildern, darstellen, was beim Lesen an Bildern wach wird, Szenen, Typen, Personen – von Adam bis Momo. Beibehalten wurde die Art der Darstellung: Handschriftlich abgefasste, reich illustrierte Notizblätter.

Malen

«Ursprünglich waren die Zytglogge Werkbücher, die Bände über Schultheater, Werken, Musik und Tanzerziehung, als Lehrerinformationen gedacht. Es hat sich aber gezeigt, dass Elterngruppen, Familienclubs oder auch einfach interessierte Väter und Mütter diese Ideensammlungen gerne brauchen. Immer sind es, auch in der Aufmachung mit handschriftlichen Texten und Skizzen, persönliche Anstösse aus der praktischen Erfahrung heraus.
So etwa auch die drei Bände der Maltherapeutin **Bettina Egger:** Von ‹Bilder verstehen› bis ‹Faszination Malen› sind es leichtverständliche Einführungen in die Bildsprache der Kinder. Es sind aber Anregungen zu einem Bilderdialog mit Kindern und zum Umgang mit Farbe und Pinsel.» *H. ten D.*

«Seit je beschäftigt mich die Umgebung des Alltags der Kinder ganz besonders. Dorthin möchte ich meine Ideen tragen. Nicht die Kinder sollen zum Malen kommen, sondern das Malen soll ihren Bedürfnissen angepasst und in ihre spezielle Umgebung eingebaut werden.» *Bettina Egger*

Br., A4, 168 S., 24.80/26.80

Br., A4, 136 S., 29.–/32.–

Br., A4, 168 S., 29.80/32.–

Werken

Br., A4, 152 S., 28.–/29.80

Br., A4, 168 S., 28.–/29.80

«Der Titel ‹chnuuschte – chnätte – chnüble› verdeutlicht die spontane Art des Umgangs mit Werkstoffen. Dabei werden die Kinder zu Handelnden statt zu Ausführenden. Da wird der eigene Körper in Tuch gehüllt zur Skulptur oder das Formen von Ton, Papier oder Holz zur Sinnesschulung. Entsprechend bieten die einzelnen Vorschläge keine sturen Pläne; sondern Erfahrungsberichte von Zeichen- und Volksschullehrern regen zum Nachvollziehen und Weiterfahren an. Diese Anleitungen sind schon für Eltern von Kindergarten- und Unterstufenkindern hilfreich, während der Mut-Mach-Titel ‹Kinder können das› eher für ältere gedacht ist. Er enthält Anregungen, alltägliche Gegenstände anzuschauen, durch Verfremden kennenzulernen und ihre räumliche Gestalt auf Papier zu übertragen.

Neu liegen jetzt noch zwei Bände vor, die ‹Von Kopf bis Fuss› das Menschenzeichen von den alten Rastern befreien und zur lebendigen Begegnung machen.» *H. ten D.*

Basteln

Br., A4, vierfarbig, 128 S., 34.–/36.–

Dass sich auch der Zytglogge Verlag «künstlerische Freiheit» herausnimmt, zeigt ein Titel, der vollkommen quer zum Programm steht: **Emil Ernst Ronner** hat während 50 Jahren auf der letzten Seite der Zeitschrift «Leben und Glauben» seine Bastelanleitungen veröffentlicht. Diese hingebungsvoll gestalteten Farbblätter sind mehr als eine nostalgische Sammlung. Werkbuch-Lektor Hugo Ramseyer versteht diese Vorlagen auch als Gegenstück zur Plastik- und Computerkultur.»

Hans ten Doornkaat, Bücher-Pick

«Ein grossformatiges, bunt illustriertes Buch, mit Hunderten der schönsten Arbeiten, damit die ganze Familie nach den leicht verständlichen Anleitungen kleben, sägen, nageln, ausschneiden usw. kann.

Eltern, Lehrer und Kinder werden begeistert sein, mit diesem «Leitfaden» Geduldsspiele, ein Wetterhäuschen, ein Puppenhaus oder eine Schachtel oder ein Segelfloss aus Korkzapfen zu basteln. Oder hat jemand Lust auf ein sich lustig drehendes «Rösslispiel», einen Bauernhof mit vielen Tieren aus Astholz, eine Vogelpfeife, bunte Sommervögel oder ein Osterbäumchen? Das sind nur einige wenige Beispiele aus der Fülle von Bastelvorschlägen rund ums Jahr, damit nie wieder Langeweile aufkommen kann.» *L.H., Coop-Zeitung*

Zytglogge Verlag, Eigerweg 16, 3073 Gümligen, Telefon 031/52 20 30